독서,
군대가
내게 준 선물

이 책은 '2022 NEW BOOK 프로젝트-협성문화재단이
당신의 책을 만들어드립니다.' 선정작입니다.

독서,
군대가
내게 준 선물

김동원 지음

차례

시작하며   6

1장 훈련병

1. 입대   12
2. 《독서는 절대 나를 배신하지 않는다》   22

2장 이등병

3. 이등병의 병장 생활, 후반기 교육   30
4. 군 생활을 바꾼 강연   37
5. 《유배지에서 보낸 편지》   43
6. 《손자병법(孫子兵法)》   48

3장 일병

7. 《부의 추월차선》   56
8. 《멘탈의 연금술》   64
9. 국방일보, 그리고 인터뷰   70
10. 제설이 준 교훈   75
11. 마인드풀 이팅(Mindfull Eating)   79
12. 장갑차를 몰고 가도, 안 될 것 같은 책   85
13. 친구 같은 책   89
14. 마음을 담은 연주   97

4장 상병

15. 보직 변경   102
16. 특급전사   107
17. 《3분만 보면 눈이 좋아진다》   113
18. 글쓰기 비법을 접하다   119
19. 무료한 격리, 보람된 격리   125
20. 첫 강연   131
21. 나를 위로해 준 '글쓰기'   135
　〈이별이 준 선물〉   136
22. 《우리의 인생이 겨울을 지날 때》 1   145

5장 병장

23. 《우리의 인생이 겨울을 지날 때》 2   152
　〈미래의 전우를 위해〉   158
24. 《당신의 소원을 이루십시오》   162
25. 《모든 것은 기본에서 시작한다》   167
26. 책 vs 영화   173
27. 괜찮아, 다 지나가는 감자일 뿐이야   184
28. 《나는 왜 이 일을 하는가?》   190
29. 유격 훈련   196
30. 독서, 군대가 내게 준 선물   202

맺으며. 작심삼일(作心三日)   210
감사의 글   216

시작하며

이 책을 읽는
대한민국 장병들과 독자 분들께

안녕하십니까.

첫 장을 열어 주신 대한민국 장병 여러분, 그리고 독자 분들께 감사드립니다. 저는 22사단 본부근무대 군악대 병장 김동원입니다.

저의 이야기를 시작하기에 앞서 부끄러운 이야기를 먼저 하고 싶습니다. 군 생활에 관한 책을 쓰고 있는 저는, 불과 1년 전까지만 해도 '군대'와 '책'을 정말 싫어했습니다.

군대가 청춘을 빼앗는다고 생각했고, 악기 전공자인 저에게 '1년 6개월'이란 복무 기간이 큰 타격이라고 여겼습니다. 만약 군 면제를 받을 기회가 있었다면 망설임 없이 면제의 길을 선택했을 것입니다. 또, 학창 시절 의무적으로 해야 했던 공부로 인해 글에 마음을 닫아, 성인이 된 이후부터는 책을 거의 읽지 않았습니다.

어릴 때부터 주변에 많은 분이 저에게 '독서는 중요하다.', '독서를 많이 해야 한다.'라는 말씀을 하셨지만, 그 필요성을 전혀 알지 못했습니다. 책을 읽는 사람들을 보면 고리타분하고 고지식하다고 생각했고, 차라리 그 시간에 악기 연습을 하거나 운동하는 게 더 이득이라고 여겼습니다.

한번은 가깝게 지내던 동생이 이렇게 물었습니다.
"형은 어떤 책을 좋아해?"
저는 한 치의 망설임 없이 대답했습니다.
"나는 책이 싫어. 책만 보면 졸려."
그러자 동생은 말을 잇지 못했습니다.
책을 싫어하는 저에게도 책이 필요한 순간이 있었습니다. 바로 컵라면을 먹을 때였습니다. (책을 사랑하시는 분들께 고개 숙여 죄송하다는 말씀을 드립니다.)

이렇게 '군대'와 '책'을 싫어했던 제가 군대를 통해 변화된 이야기를 하고, 책에 대한 글을 쓸 줄은 생각지도 못했습니다. 한번은 이런 글귀를 보았습니다.

"삶은 읽기 전후로 나뉜다.
좋은 책을 읽은 우리는 과거로 돌아갈 수 없다."

마음속 깊이 공감했습니다.

28살이라는 다소 늦은 나이에 입대한 저는, 앞으로의 미래가 암흑 속에 갇히게 되었다고 생각했습니다. 하지만 놀랍게도, 절망 가운데서 저에게 한 줄기 빛이 되어 준 것은 그렇게도 싫어하던 '독서'였습니다. 책을 통해 저의 '관점'을 바꾸게 되면서 희망을 얻게 되었고, 기적과 같은 일들이 일어났습니다. 부정적으로만 생각했던 군대가 더없이 소중하게 느껴지기 시작했습니다. 물론 항상 좋은 일만 있진 않았습니다. 저 역시 관점을 바꾼 후에도 여러 가지 문제를 만났습니다. 그러나 독서를 통해 어떤 마음으로 삶의 문제들을 대해야 하는지 배워나갈 수 있었습니다.

이처럼 군 생활에 대한 긍정적인 변화를 경험하자 저처럼 늦게 입대하거나, 전공을 살리지 못해 어려움을 겪고 있을 장병 분들이 생각났습니다. 군 생활의 선배로서, 형으로서 경험을 공유하고 싶었고, 들려주고 싶은 이야기들을 적어 내려가 보았습니다. 군 생활 동안이나 인생에서 만나는 어렵고 힘든 상황 속에서, 이 책이 독자 분들 마음에 조금이나마 위로가 되었으면 합니다.

　책을 쓰는 것이 처음이라 다소 부족한 점이 많지만, 풋내나고 어리숙한 글을 통해서라도 저의 진심이 전달되길 바랍니다. 다시 한 번 이 책을 펼쳐 주신 독자 분들께 감사드립니다.

1

훈련병

1. 입대

"김동원 님, 귀하의 국외여행 허가 기간 만료일은 20**년 **월 **일임을 알려드리니, 반드시 만료일 전까지 귀국하시기 바랍니다."

더는 피할 길이 없었다.

'군대'

어릴 때부터 음악을 좋아했던 나는, 음악 전문 고등학교에 입학해 클라리넷을 시작했다. 고등학교 졸업 후 오케스트라에 입단했고, 입영 문자를 받을 당시에는 미국에서 연주 활동을 하고 있었다.

부끄러운 이야기지만, 군대는 피할 수 있다면 피하고 싶을 만큼 나에게 '부정적 이미지'로 박혀 있었다.

미국의 유명한 지휘자 '레너드 번스타인(Leonard Bernstein)'은 이런 명언을 남겼다.

**"하루를 연습하지 않으면 내가 알고,
이틀을 연습하지 않으면 아내가 알고,
사흘을 연습하지 않으면 청중이 안다."**

악기를 다루는 사람은 하루만 연습을 못 해도 타격을 받는데, 무려 '1년 6개월' 동안이나 연습할 수 없는 것이 두려워, 입대를 미루고 미뤄 왔었다.

병무청으로부터 귀국 요청 문자를 받을 당시, 나이로 인해 더는 입대를 미룰 수 없었기에 한국으로 돌아오게 되었다. 한창 '코로나 19'가 창궐했던 시기라 귀국을 하자마자 2주간 예방적 격리를 해야 했다. 어차피 군대에 가야 한다면 전공을 살릴 수 있는 '군악대'가 더 나을 것 같아, 격리를 마치면 군악대 면접 준비를 해야겠다고 계획했다. 그런데 격리를 하던 1주차에 '영장'을 받게 되었고, 이런저런 상황이 꼬이면서 '징집'으로 입대를 하게 되었다.

성 명	김동원	생년월일	
주 소			
입영부대	육군훈련소 입영심사대	입영일시	2021년 5월 17일 14시 00분
모이는 장소			

「병역법 시행령」 제 21조 제1항, 제35조에 따라 위와 같이 입영 통지합니다.

2021년 4월 1일

대구,경북지방병무청장

관 인 생 략

입대 당일 이른 아침, 검은 모자를 푹 눌러 쓰고 근처 미용실을 찾아갔다.

'짜르릉~'

문을 열고 들어가자 손님은 나뿐이었다.

"어서 오세요~ 머리는 어떻게 해 드릴까요?"
"제가 오늘 군대에 가서요…."

이 말을 하는데 왜 이리도 어색한지, 뒷말을 얼버무렸다.

"아, 머리 민다는 거죠? 앉아요."

의자에 앉아 거울에 비친 내 모습을 보는데, 덥수룩한 머리카락이 잘려 나갈 걸 생각하니 기분이 착잡했다.

"몇 미리로 해 드릴까요?"

'몇 미리?'

그 전까지 머리를 이렇게 밀어 본 적이 없어서 '미리수(mm)'에 대한 개념조차 없었다.

"그냥 평범하게 해 주세요."

바리깡이 '윙~'소리를 내며 머리 위로 지나갔다. '후두둑'하고 발밑으로 떨어지는 머리카락을 보니, 이제 진짜 군대에 가는 게 맞는구나 싶었다. 이발은 십 분도 안 돼서 끝이 났다. 마치 강원도 시골 마을에서 갓 캐온 감자 마냥, 투박하고 못생긴 한 사람이 거울 속에 앉아 있었다.

'아, 왜 이렇게 못생겼냐.'

그동안 머리카락으로 가려왔던 내 얼굴. 이제 더는 못난 얼굴을 가릴 수 있는 게 없었다. 재빨리 시선을 거울에서 돌렸다.

"얼마예요?"

이발을 마치고 계산하려 하는데, 미용실 원장님의 대답에 깜짝 놀랐다.

"괜찮아요. 나랏일 하러 가는 건데, 그냥 가셔도 돼요."

"아니, 그래도…."

원장님은 끝까지 돈을 받지 않고 그냥 가라고 하셨다. 문을 열고 나오는데, 가슴 한 편이 따뜻해졌다. 잠시 후 부모님께 영상 전화를 걸었다.

"아빠, 엄마. 저 오늘 입대해요."

"우리 아들 드디어 머리 깎았네? 조심히 들어가고, 몸 건강해. 엄마 아빠가 기도할게."

부모님은 해외에서 선교 활동을 하고 계셨기 때문에 영상으로 인사드릴 수밖에 없었다. 그날 점심은 논산 훈련소로 가는 길에 있는 유명한 해물찜 식당에서 먹었다. 입대 전 마지막으로 먹는 점심. 이제 들어가면 이런 사회 음식을 오랫동안 못 먹는다는 걸 알면서도, 음식이 잘 안 넘어갔다. 그날 비가 내렸는데, 마치 내 마음을 대변이라도 해 주는 것 같았다.

'논산 육군 훈련소 입영 심사대'에 도착하니, '호국 요람'이라는 글자와 함께 형광 띠를 찬 조교들이 여럿 보였다. 혼자 우산을 쓰고 들어갔는데, 주변에는 부모님과 작별 인사를 끝내지 못하고 서 있는 사람이 많았다. 큰 철문을 지나 입영 심사대 안으로 들어가니, 어디로 가야 하는지 뭘 해야 하는지 도무지 알 수가 없었다.

"자, 이제 곧 문이 폐쇄될 예정이오니 가족 분들은 나가 주시기 바랍니다."

오후 2시가 되자, 안내 방송이 나오면서 우리는 어딘가로 이동되었다. 연병장에 도착했고, 훈련병들은 지역별로 분류되었다. 나는 '경북 지역' 자리로 가서 앉았다. 잠시 후, 빨간 모자를 쓴 조교가 와서 출석 체크를 했다.

"지금부터 제가 성명과 생년월일을 부를 것이니, '맞으면 맞다, 틀리면 틀렸다.'고 대답해 주십시오."

"아무개, 00××××."

"맞습니다."

"아무개, 01××××."

"맞습니다."

내 차례가 되었다.

"김동원, 94××××"

"맞습니다."

그러자 사람들이 동시에 나를 쳐다봤다. 그랬을 만도 한 것이, 대부분 20대 초반인데 나만 20대 후반이었기 때문이었다. 괜히 죄를 지은 사람처럼 당황스러웠다.

'군대에 일찍 왔더라면.'

이제 와서, 28살이라는 나이가 원망스러웠다.

나는 '27연대 5중대 2소대 6분대, 11 생활관'으로 배정받았다. 우리 생활관은 총 12명이었고, 2주 동안 코로나 예방적 격리를 하게 되었다. 입영 심사대에서 받은 노란 서류 봉투를 들고 배정받은 침대 2층으로 올라갔다. 침대에 앉아 주위를 둘러보는데, 나와 마찬가지로 사람들의 표정이 영 안 좋아 보였다.

훈련소에서 맞이한 첫날 아침을 아직도 잊을 수가 없다. 잠을 자고 눈을 떠 보니 침대 좌우로 쳐 있는 비닐 막, 그리고 주변을 에워싼 낯선 사람들. 순간 내가 어디 있는 건지 헷갈렸지만, 잠시 후 정신을 차리고 알게 되었다. 이곳은 '군대'였다.

입대하기 전, 나의 상황을 듣게 된 친구들이 이런 조언을 해주었다.

"야, 징집으로 군대에 가면 훈련소에서 징집병들을 대상으로 '특기 검사'를 하게 될 거야. 그러면 그때 네가 음악을 전공했다고 말씀드려. 잘하면 '군악대'로 가게 될 수도 있어."

격리하는 내내 이 말이 생각났다.

'어떻게 해서라도 군악대로 가 보자.'

2주간의 격리가 끝나자, 친구들 말대로 '특기 검사'를 하게 되었다. 검사하시는 분께 클라리넷을 전공했다고 말씀드렸더니 나는 따로 분류되었고, 며칠 후에 군악대 면접을 볼 거라고 알려주셨다. 그날부터 면접을 보게 되는 날까지, 생활관 안에 있는 '빨간 경광봉'을 악기 삼아 연습하면서 면접시험을 준비했다.

며칠 후, 면접날이 되었다.

'10점 만점에 9점'

1차 면접에서 좋은 점수를 받았다. 면접관님께서 이제 2차 면접만 기다리면 된다고 하셨다. 면접을 마치고 생활관으로 돌아오는데, 짜릿하고 설레는 감정을 주체할 수 없었다.

'이제 곧 군악대에 갈 수 있겠구나.'

생활관 동기들도 내 소식을 듣고 기뻐하며, 잘될 거라고 응원해 주었다. 이상한 것은, 그 후로부터 며칠이 지나도 아무 소식이 없었다.

'분명히 2차 면접을 봐야 한다고 하셨는데.'

슬슬 걱정되기 시작했다. 소대장님을 찾아가 봤지만 일단 기다리라고만 하셨다. 각개 전투가 끝나고 행군을 마치게 되었고, 다음 날이면 수료식이었다. 그날 저녁, 우리 생활관에 자대 배치 결과를 통보하는 종이가 왔다. 내심 1차 면접에서 군악대에 합격이 된 줄 알고 기대하는 마음으로 종이를 훑어보았다. 그런데 믿을 수 없는 글자를 보게 되었다.

'김동원 - 장갑차 조종수'

'아니, 음악을 하는 내가 장갑차 조종수라니!'

두 눈으로 그 종이를 보면서도 믿기지 않았다. 혹시 '동명이인'이 있는 건가 싶어 찾아봤지만, 내 이름은 단 하나뿐이었다. 머릿속이 하얘졌다. 그동안 가졌던 모든 희망이 와르르 무너졌다. 주변 동기들은 내 결과를 보더니 위로해 주기 시작했다. 나는 애써 태연한 척을 하려 했지만, 도저히 마음을 진정시킬 수 없었다.

다음날 소대장님을 찾아가 부디 재고해 달라고 부탁드렸지만, 이번에는 군악대에 빈자리가 없었기 때문에 다른 방도가 없다고 하셨다. 그날 밤 침대에 누우니 잠은 오지 않고 앞으로의 남은 시간이 막막하게 느껴졌다.

"하…."

동기들이 모두 잠든 새벽, 혼자 깊은 숨을 쉬며 마음을 달래 보았다.

다음날 아침이 되었고, 나는 후반기 교육을 받기 위해 전라남도 '장성'으로 가게 되었다. 그때까지도 내 마음속에서는 '장갑차 조종수'라는 보직이 믿어지지 않았다. 기차와 버스를 타고 이동하는 내내 '어떻게 하면 군악대로 갈 수 있을까?' 하는 생각뿐이었다.

장성에 도착하자, 교육생들은 '담당 교관님'과 면담을 하게 되었다. 나는 두 번째 순서였는데, 기다리는 동안 생각했다.

'지금이라도 군악대로 갈 수 있는지 여쭤봐야겠다.'

곧 내 차례가 되었고, 교관님과 면담을 시작했다.

"교관님, 사실 제가 입대를 앞두고 이런저런 일이 있어서 군악대 지원을 못 했습니다. 훈련소에서 군악대 면접을 봤는데, 1차만 보고 2차는 못 본 채로 이곳에 '장갑차 조종수'로 오게 되었습니다. 혹시 지금이라도 군악대로 가는 방법이 있습니까?"

나의 이야기를 들으신 교관님께서 말씀하셨다.

"동원아, 이 현실을 받아들여라. 세상을 살다 보면 때로는 우리가 원하지 않는 일들도 만나게 된다. 지금은 장갑차 조종이 너와 아무런 상관이 없어 보이지만, 언젠가는 다 도움이 되고 이유가 있을 거다."

교관님의 말씀을 듣는데, 할 말이 없었다. 그 의미가 '안 된다'라는 사실을 알았기 때문이었다. 마지막 지푸라기라도 잡고 싶었던 심정은 무너지고 말았다.

더는 '군악대'로 갈 수 있는 길이 없었다.

2. 《독서는 절대 나를 배신하지 않는다》

나는 예전부터 '글'을 싫어했다. 학창 시절에 의무적으로 봐야 했던 글. 고등학교를 졸업한 후부터는 글과 거리 두며 살았고 일 년에 책을 거의 한 권도 읽지 않았다. 한 번씩 주변 사람들로부터 '인생에 있어 독서가 정말 중요하다.'라는 이야기를 듣고 마지못해 몇 번 시도한 적은 있었다. 하지만 '작심삼일(作心三日)'이라는 말처럼, 얼마 못 가 금방 포기하곤 했다. '음악'과 '운동'을 좋아했던 나는, 책을 읽을 시간에 차라리 한 시간이라도 더 연습하고 운동을 하는 게 유익하다고 생각했다.

징집으로 입대를 하게 되면서 스트레스가 이만저만이 아니었다. 군대에서 하는 모든 게 부정적으로만 보이고 '내가 이걸 왜 해야 하나' 싶었다. 상대적으로 나는 동기들보다 나이가 많았기 때문에, '나이' 또한 스트레스로 한몫했다. 동기들 대부분은 20대 초반의 나이였기에 훈련소 생활을 하는 동안 이런 생각이 있었다.

'그래도 동기들보다는 내가 좀 더 어른스럽지 않을까?'

그런데 재미있는 건, 같은 생활관 안에서 모두가 머리를 빡빡 깎고 똑같은 'ROKA' 생활복을 입고 지내는데 나이가 어린 동기들이나 나, 생각하고 행동하는 수준이 거기서 거기였다. 한 번씩 간식이 나오면 꼭 한두 명 정도 이렇게 말하는 동기가 있었다.

"내 간식도 먹을 사람?"

서로가 먹겠다고 손을 들었다. 그때부터 인생의 막중한 게임이 시작되었다. 바로 '가위바위보 게임'이다.

훈련소에서는 따로 PX(군 매점)에 가거나, 다른 음식을 받을 기회가 없었기 때문에, 한 번씩 나오는 간식이 소중했다. 나는 거의 마지막까지 살아남았지만, 최종 가위바위보에서 지고 말았다. '좋아라.'하고 간식을 챙겨가는 동기를 보자, 괜히 얄미운 마음이 올라왔다.

그뿐만 아니라 생활관 안에서 구역별로 청소 담당을 정할 때마다 어떻게 해서든 쉬운 구역을 맡고 싶은 마음에 안 돌아가는 머리를 굴리곤 했다. 동기들보다 나이가 많기에 더 어른스러우리라 굳게 믿었지만, 실제 내 삶의 모습들은 야비하고 유치할 뿐이었다.

어느 날, 나보다 나이가 한참 어린데도 먼저 나서서 희생하고 솔선수범하는 동기를 보게 되었다.

'저 친구는 나이가 어린데, 어떻게 저런 성숙한 마음을 가지고 있을까?'

이런 부분에 고민해 보다가, 그 동기와 나의 차이는 바로 '사고력'에 있다는 생각이 들었다. '사고하는 힘'이 차이를 만들어내는 것이었다. 그날부터 '어떻게 하면 사고력을 키울 수 있을까?' 하고 고민하기 시작했고 평상시에 운동을 즐겨 했던 나는, '사고력을 키우는 방법'을 '근육을 만드는 법'과 같은 원리로 생각해 보았다.

**'몸이 운동을 통해 자극을 받아 건강해지듯이,
생각은 독서를 통해 자극을 받아 깊어지겠구나!'**

그날부터 훈련소에서 책 읽기를 결심했다. 훈련소 생활관 복도 책장에는 훈련병들이 읽을 수 있도록 많은 책이 구비되어 있었다. 그중 아무 책이나 챙겨와 읽기 시작했는데 조금 읽다 보면 졸고, 다시 읽다 보면 또 졸고. 그러다가 나중에는 너무 졸아서 어디를 읽고 있었는지 놓치게 될 때가 많았다. 도저히 계속 읽을 수 없었다.

그러던 중, 우연히 '사이토 다카시'의 《독서는 절대 나를 배신하지 않는다》라는 책이 눈에 들어왔다.

'독서가 절대 나를 배신하지 않는다고?'

독서에 흥미를 느끼지 못하고 있던 나는 제목에 이끌려 이 책을 펼쳤고, 그동안 갖고 있었던 '독서'에 대한 잘못된 편견을 바꿀 수 있었다. 저자 '사이토 다카시'는 책에 어떻게 접근해야 하는지, 어떤 방식으로 책을 읽어야 하는지 자세히 설명해 주었다. 그중 가장 인상 깊었던 대목은 '만화책'에 대한 부분이었다. 예전부터 독서는 '어려운 책을 읽는 것'이라 생각했다. 그러나 '사이토 다카시'는 만화책이라도 그 책을 통해 배우는 게 있다면 문제가 되지 않는다고 했다.

생활관을 돌아보니, 훈련소 기간에 시간을 빨리 보내려고 '흥미 위주의 책'을 가지고 온 동기들이 있었다. 그 동기들의 책을 빌려서 읽기 시작했다.

내가 훈련소에서 처음으로 끝까지 재미있게 읽은 책은 '히가시노 게이고'의 《가면산장 살인사건》이었다. 이 책은 한 산장에서 벌어진 살인 사건을 다룬 범죄 추리 소설책이었는데, 읽는 내내 긴장감을 놓을 수 없었다. 도대체 범인이 누군지 궁금해서 참을 수가 없어 끝까지 읽었는데, 마지막에 상황이 반전되면서 뒤통수를 맞는 느낌이 들었다. 짜릿했다. 책을 통해 그런 기분을 느낀 건 난생처음이었다. 무려 이틀 만에 책 한 권을 다 읽은 나 자신이 놀라웠다.

그다음으로 읽었던 책은 '야쿠마루 가쿠'의 《돌이킬 수 없는 약속》이었다. 자신의 신분을 감추며 살아가고 있던 주인공이 예전에 누군가와 했던 약속을 지켜야 하는 상황을 보는데, 굉장히 흥미로웠다. 마치 내가 주인공이 되어 여러 사람과 심리전을 해 나가는 기분이었다.

그리고 '이미예'의 《달러구트 꿈 백화점》을 읽었는데, 꿈을 사고판다는 개념은 이 책을 만나기 전 한 번도 생각지 못한 일이었다. 책 속의 사람들은 제각기 다른 꿈을 꾸고 살아간다. 때론 꿈이 너무 선명해서 꿈에서 깨고 나서도 이게 현실인지 꿈인지 헷갈려하고, 어떤 이들은 계속해서 반복되는 악몽으로 인해 고통에 시달리기도 한다.

가장 인상 깊었던 부분은, 책 속의 인물이 꿈을 통해 자신의 트라우마를 극복하고 현실 속에서 당당하게 살아가는 내용이었다. 누구나 문제를 만나면 피하고 싶은 마음이 있고, 그런 문제를 벗어날 수 있는 능력이 없을 때는 트라우마를 가지기도 한다. 하지만 다시 생각해 보면, 그런 문제들은 우리가 생각하는 것처럼 그렇게 어마어마한 일이 아닐 때도 많다. 이 책을 통해, 모든 일은 마음먹기에 달려 있다는 새삼스러운 깨달음을 얻었다. 그리고 책 속에 할머니에 대한 이야기가 나오는 부분에서는 돌아가신 친 할머니가 생각나 눈시울이 붉어지기도 했다.

책을 읽으며 장면을 하나씩 떠올려 보는데 머릿속에 선명하고 풍부한 그림이 그려졌고, 내 마음에 꽉 차면서 감동의 여운이 오래 남았다. 이런 경험을 하게 되자 독서가 점점 재미있어지기 시작했고, 훈련소에 있는 동안 약 7~8권의 책을 읽을 수 있었다.

처음으로 '독서의 맛'을 알게 되면서 《독서는 절대 나를 배신하지 않는다》라는 책의 제목처럼,

'훈련소에서 시작한 독서가
결코 나를 배신하지 않겠다'는
기대감이 들었다.

2

이등병

3. 이등병의 병장 생활, 후반기 교육

훈련소 생활을 마치고 '장갑차 조종수'라는 보직을 받아, 전라남도 장성에서 후반기 교육을 받게 되었다. 나는 16기 교육생이었는데, 그곳의 삶은 '이등병의 병장 생활'이었다. 교육생 중에 가장 높은 계급이 '이등병'이었기 때문이다. 훈련소 때는 못 갔던 'PX(군 매점)'에 가거나 '그린비(병사 전용 전화기)'로 전화를 할 수 있었고, 개인 정비 시간에는 TV도 볼 수 있어 편하고 행복했다. 흥미로운 요소들이 이것저것 생기자 훈련소에서 시작했던 '독서'를 점점 잊어 갔다. 매일 저녁, 동기들과 TV 앞에 모여 드라마를 정주행하고 '아이돌 뮤직비디오'를 보는 데 대부분의 시간을 사용했다.

교육생들은 1, 2주 차 동안 장갑차 조종에 대한 '이론 수업'을 받게 되었다. 교관님께서 우수한 성적으로 모든 교육 과정을 마치면 휴가를 주신다고 하셔서 열심히 수업을 들었다. 나는 입대 전까지 바쁘게 연주 활동을 하며 지내는 동안 '운전면허'를 따지 못했는데, 운전도 못하는 내가 과연 장갑차 조종을 제대로 할 수 있을지 두려웠다.

3주 차가 되어 '조종 교육'이 시작되었다. 원래 교육을 받던 곳에서 훨씬 더 걸어 올라가니 '조종 교육장'이 나왔다. 이미 다른 조교들이 장갑차를 조종하고 있었는데, 그 소리가 어마어마했다. 소리만 듣는데도 가슴이 두근거렸다. 교육장에 도착하자 교관님께서 말씀하셨다.

"자, 오늘부터 여러분은 '조종 교육'을 받을 겁니다. 몇 번 주행 연습을 하고 그다음에 실기 평가를 할 거니까, 조교의 지시를 잘 따라 주면 됩니다."

우리는 네 명씩 한 팀을 이루어 장갑차에 올라탔다. 그리고 한 명씩 돌아가며 조교의 지시에 따라 조종 교육을 받았다. 처음 조종을 한 곳은 'I자 코스'였는데, '전진', '후진', '우회전', '좌회전', 을 배우는 곳이었다. 동기 중 한 명이 먼저 조종석에 앉아 '송수화기 헬멧'을 쓰자, 조교가 외쳤다.

"지금부터 내가 말하면 복명복창한다. 알겠어?"

"알겠습니다!"

"시동 걸어!"

"시동 걸어!"

"레버 주행!"

"레버 주행!"
"레버 전진!"
"레버 전진!"
"기어 2단!"
"기어 2단!"
"전진 밟아!"
"전진 밟겠습니다!"
동기는 조교의 지시에 따라 큰소리로 '복명복창'했다.
'우우웅~' 하고 시동이 걸리자 장갑차가 움직이기 시작하는데, 승무원실에 타고 있던 나는 깜짝 놀랐다. 소리가 어마어마하게 컸다. 동기가 바로 옆에서 뭐라고 외치는데도 잘 안 들렸다. 그다음 차례가 나인데, 심장이 쿵쾅쿵쾅 뛰면서 긴장이 되었다. 머릿속으로 어떻게 해야 할지 시뮬레이션을 돌렸다. 내 차례가 되었다. 송수화기 헬멧을 착용하고 자리에 앉았다.
"아아, 교육생. 내 말 들려?"
"잘 들립니다…."
애써 자신감 있게 말해 보려 했지만, 이미 내 목소리는 떨리고 있었다.
"무조건 내 지시에 복명복창하고 하라는 대로만 한다. 알겠어?"
"예 알겠습니다!"

교육이 시작되었다.

"레버 주행."

"레버 주행."

나는 복명복창하며 주행 레버를 찾으려고 했는데, 순간 헷갈렸다.

'아, 주행 레버가 어디 있었지?'

기억을 떠올리며 재빠르게 레버를 찾기 시작했다. 다행히 운전대 근처에서 찾을 수 있었다. "딸깍" 하고 레버를 '주행'으로 바꿨다. 다시 조교의 목소리가 들렸다.

"레버 전진."

"레버 전진."

다행히 전진 레버는 조금 전에 주행 레버를 찾으면서 보았기 때문에 금방 찾을 수 있었다.

"기아 2단."

"기아 2단."

"전진 밟아."

"전진하겠습니다."

전진 페달을 밟자 장갑차가 움직이기 시작했다. 나는 자동차 운전도 하기 전에 장갑차 조종을 먼저 해 보게 되었다. 굉장히 떨리면서도 묘한 느낌이 들었다. 이 커다란 물체가 나에 의해서 움직이는 게 신기했다. 조금씩 앞으로 가던 중 다시 조교의 목소리가 들렸다.

"좌로 살짝."

"좌로 살짝."

분명히 복명복창하면서 지시를 따랐다고 생각했다. 그런데 갑자기 조교가 소리쳤다.

"교육생 멈춰!"

제동 페달을 밟아 멈췄다.

"내가 살짝 하라 그랬지. 왜 이렇게 많이 꺾었어?"

당황스러웠다.

'분명히 살짝 꺾은 것 같은데.'

"죄송합니다. 제대로 하겠습니다!"

"내가 하라는 대로만 해. 안 그러면 큰일 나. 알겠어?"

"네 알겠습니다!"

다시 조종을 시작했다.

"출발."

"출발하겠습니다."

점점 떨리면서 손에 땀이 나기 시작했다.

"좌로 꺾어."

"좌로 꺾어."

핸들을 좌로 꺾는데 몸이 말을 듣지 않았다.

"좌로 꺾으라고!"

"좌로 꺾겠습니다!"

그러나 이미 경로를 이탈하고 있었다. 순간, 놀란 나머지 제동 페달을 밟고 장갑차를 세웠다. 그때부터 조교의 외침이 시작됐다.

"조종하기 싫어? 내가 언제 제동 페달 밟으라고 했어! 진짜 사고 내고 싶어?"

헬멧 스피커 안으로 조교의 목소리가 막 들리는데, 내 정신은 이미 다른 세상으로 가고 없었다. 그렇게 첫 교육을 마치게 되었다.

당일이 바로 평가였는데 '최하점'을 받게 되었다. 여태 휴가를 얻으려고 이론 수업에서 거의 만점을 받아 왔지만, 한순간에 점수가 바닥을 치게 되었다. 한여름이라 날씨도 더운데 잔뜩 긴장까지 하다 보니 온몸에 땀이 줄줄 흘렀다.

'다른 동기들을 보면 그래도 수월하게 하는데, 나는 왜 이렇게 못할까?'

교육을 마치고 생활관에 돌아왔는데, 앞으로 남은 교육을 어떻게 해야 하나 싶었다. 그때부터 틈틈이 교관님을 찾아가 모르는 부분에 대해 자세하게 여쭤보고, 또 동기들에게도 도움을 받으며 조금씩 요령을 찾게 되었다.

신기하게도 몇 번 그렇게 고생하며 배우다 보니, 교육이 마칠 때쯤에는 자신감이 생겨서 큰 무리 없이 조종할 수 있었다. 다행히 조종 교육 첫날에 받은 안 좋은 점수를 제외하고 다른 점수는 잘 받아서 후반기 교육에서 '3등'으로 수료하게 되었고, '상장'과 '휴가'도 받을 수 있었다.

4주 간의 후반기 교육. 훈련소와는 정말 다른 분위기였지만, 나름 좋은 추억들을 쌓고 여러 가지를 배울 수 있었다. 그렇게 '이등병의 병장 생활'을 마치고 강원도 고성에 있는 '22사단'으로 자대 배치를 받게 되었다.

4. 군 생활을 바꾼 강연

"여러분들은 대한민국을 사랑하십니까?"

질문을 받은 나는 속으로 생각했다.
'내가 대한민국 국민이고 나라를 위해서 군대까지 왔는데, 사랑하는 게 당연한 거 아닌가?'
"여러분, 제가 지금부터 우리나라 역사에 대한 질문을 몇 개 하겠습니다. 답을 아는 용사는 손을 들고 있으면 됩니다."
사단장님은 6.25 전쟁 시작 연도부터 해서 광복이 언제 되었는지 하나하나 질문하셨다. 나는 역사에 관심이 없었던 사람이라 세 번째 질문에서 손을 내렸다. 일곱 번째 질문쯤 되자 마지막 남은 한 용사가 정답을 맞히고 선물을 받게 되었다.
"여러분, 질문에 답해 주셔서 감사합니다. 조금 전에 여러분들이 대부분 대한민국을 사랑한다고 대답하셨는데, 그렇다면 '사랑'이라는 것은 무엇입니까?"

'사랑?'

"여러분, 사랑은 부모와 자식의 관계를 보면 알 수 있습니다. 부모가 자식을 낳으면 그 자식을 위해 밥을 먹이고, 옷을 입히고, 학교를 보내는 등 대가 없는 희생과 헌신을 합니다. 자식은 세월이 흘러 부모님의 사랑을 알게 됩니다. 그런데 만약 자식이 그런 부모의 희생과 마음을 알지 못한다면, 혹은 부모가 자식을 낳고 나서 아무것도 하지 않는다면, 어떻게 그게 사랑이라고 할 수 있겠습니까. 여러분이 대한민국을 사랑한다고 하셨는데, 대한민국이 여러분을 위해 어떠한 희생과 사랑을 했는지 알지 못한다면, 어떻게 대한민국을 사랑한다고 할 수 있겠습니까?"

처음에는 그냥 자대로 가기 전 보충 중대에서 듣게 되는 형식적인 강연이라 생각하고 주의 깊게 듣고 있지 않았는데, '사랑'에 대한 대목에서, 갑자기 망치로 머리를 '땅!' 하고 맞는 느낌이 들었다. 그동안 내가 대한민국을 사랑한다고 생각했지만, 대한민국에 대해 아는 게 거의 없었다. 부끄럽지만 내 마음속 중심에는 이런 마음이 있었다.

'대한민국이 날 위해서 해 준 게 뭐야.'

"여러분, 혹시 우리나라 선조들이 쓴 책 한 권이라도 읽어 보셨습니까? 정약용이 쓴 《목민심서》를 읽어 보셨습니까? 이런 책이 당장은 여러분과 직접적인 연관이 없다고 생각될 수 있지만, 군 생활을 하는 동안 꼭 읽어 보시기를 바랍니다. 여러분 중 군 생활을 하는 동안 '100권의 책'을 읽고 '독후감'을 쓴 사람은 저에게 직접 연락을 주십시오. 제가 사단장의 이름으로 휴가를 드리겠습니다."

100권의 책. 휴가를 주신다는 말씀에 혹하긴 했지만, '100권의 책과 독후감'은 무리인 것 같았다. 그렇게 강연이 끝났고 다시 생활관으로 돌아가고 있었는데, 문득 '이거 한번 해 볼까?'라는 생각이 들었다. 옆에 있던 동기에게 말했다.
"야, 아까 강연 들었지? 너도 혹시 100권 읽어 볼 생각 있어?"
동기는 말도 안 된다는 표정으로 대답했다.
"에이, 100권을 어떻게 읽어. 아마 아무도 안 할걸?"
"그치. 아무도 안 하겠지? 그럼 내가 한번 해 봐야겠다."
동기는 내가 못할 것이라 생각했는지 말이 없었다. 그렇게 나는 훈련소에서 시작했던 '독서'를 다시 하기로 결심했다.

보충 중대에 있을 때 앞으로 내가 지내게 될 '자대'가 가장 궁금했다. 보충 중대에서 당시 나보다 훨씬 먼저 군 생활을 하고 있던 친한 동생에게 전화했다. '8군단'에서 복무 중이던 그 동생은 내가 배정받은 '22사단'에 대해 알고 있었다.

"형, 내가 듣기로 22사단에 어떤 대대는 '막사'가 아니라 '컨테이너'에서 지낸대."

"컨테이너에서 어떻게 살아? 진짜 불편하겠다."

그 동생과 통화를 하며 '설마 내가 그런 곳으로 가겠나?' 싶었다.

얼마 후, 나는 '전차 대대'로 전입 가게 되었다. 버스를 타고 위병소를 거쳐 연병장을 지나는데 저 멀리에 회색빛 창고들이 많이 모여 있었다.

'역시 여기는 대대급 규모라 창고도 저렇게 크구나.'

그런데 버스가 갑자기 그 컨테이너 앞에서 멈추었고, 간부님께서 말씀하셨다.

"이제 의류대(옷이나 물건을 나르는 용도로 사용하는 큰 자루) 챙겨서 내리고, 이쪽으로 쭉 들어가면 인사과가 나올 거야. 거기로 가면 돼."

'엥, 여기로 들어가라고? 설마 여기가 내가 지내게 될 막사는 아니겠지?'

7월이라 바깥 날씨가 더웠다. 의류대를 메고 떨리는 마음으로 컨테이너에 들어갔다. 뜨거운 공기가 느껴지며 숨이 턱 막혔다. 컨테이너가 열에 달궈져 바깥보다 더 뜨거워져 있었다. 안에 들어가자 컨테이너마다 '**생활관, **행정반, **소대장실'과 같은 식으로 표기되어 있었다. 인사과에 들어가자 행정병이 맞아 주었다.

"어서 와, 축하한다. 여기가 앞으로 너희가 지내게 될 장소야."

군 생활을 이런 곳에서 해야 한다는 게 믿기지 않았다. 설마, 설마 했는데 그게 현실이 되었다. 전차 대대는 당시 막사를 새로 짓고 있었기 때문에, 그 건물이 완공되려면 약 6개월 정도는 더 기다려야 하는 상황이었다. 인사과에서 행정적인 일을 마친 나는 '2중대'로 배치되었다.

전차 대대는 1개월 동기제였기 때문에, 나를 제외한 대부분이 선임이었다. 긴장한 상태로 무거운 의류대를 메고 생활관으로 들어갔다. 예상 외로 선임들이 나를 반갑게 맞이해 주었다.

"네가 이번 신병이구나? 축하해. 전차 대대에 온 걸 환영한다. 여기가 컨테이너라서 많이 놀랐지? 우리도 처음에는 그랬어. 며칠 지나면 다 적응될 거야."

그러면서 내 의류대를 받아서 물건들을 관물대에 하나하나 정리해 주고, 여러 가지 설명을 해 주었다.

후반기 교육 때 자대 배치 결과를 들으면서 교육생들이 교관님께 가장 많이 했던 질문이 있었다.

"교관님, 제가 파주로 배치 받았는데 거기 많이 힘든가요?"

"교관님, 제가 강원도로 배치 받았습니다. 그곳은 어떻습니까?"

이런 끝도 없는 질문에 대해 교관님께서 정리를 해 주셨다.

"자꾸 같은 질문을 하는데, 답은 한 가지야. 너희가 가는 곳이 제일 힘든 곳이야."

교관님 말씀이 맞았다. 아무리 편한 곳에 가도 본인이 힘들다고 느끼면 그곳이 가장 힘든 곳이었다. 그래서 군대에 가면 어떤 사람을 만나느냐가 중요하다고 이야기한다.

전차 대대에 와서 먼저 막사를 보고 실망이 컸지만, 좋은 선임들을 만나게 되어서 한시름 놓을 수 있었다. 우리 생활관은 '지휘 소대'와 '행정 소대'가 같이 사용했는데, '행정 소대'에는 책을 좋아하는 선임들이 두 명 있었다.

하루는 그 선임들이 내가 '칼 필레머'의 책 《이 모든 걸 처음부터 알았더라면》을 읽는 모습을 보고 이야기했다.

"동원아, 너 책 좋아해? 우리 부대에는 '독서 마라톤'이라는 게 있어서 책을 읽고 독후감을 쓰면 휴가를 얻을 수 있어. 그리고 곧 있으면 사단 내에서 열리는 독후감 대회가 있는데 혹시 거기에 나가 볼래?"

책을 읽으면서 휴가도 얻을 수 있다는 말에 솔깃해졌다. 그렇지만 독후감 대회는 좀 부담스러웠다. 살면서 한 번도 글쓰기 대회에 나가 본 적이 없었기 때문에, '나 같은 사람이 그런 걸 할 수 있겠나?' 싶었다. 일단 '독서 마라톤'이라도 시작해 보기로 했다.

전차 대대에서 지내는 동안, 보충 중대 때 들었던 사단장님의 강연이 잊히지 않았다. 그래서 책을 '50권' 정도 읽으면 사단장님께 직접 연락해 중간보고를 드려야겠다고 생각했다. 그렇게 해서 나는 본격적인 독서를 시작하게 되었다.

5. 《유배지에서 보낸 편지》

아마 대다수 용사가 그렇겠지만 훈련소에서부터 가장 많이 생각나는 건, 바로 '핸드폰'이다. 입대하기 전까지만 해도 온종일 몸에 지니고 있었지만, 입대와 동시에 자대로 오기까지 약 2개월 동안 사용할 수 없었다. 나중에는 내 핸드폰이 어떻게 생겼었는지 기억조차 나지 않았다. 다행히 자대로 오고 나서 며칠이 지나자 핸드폰을 사용할 수 있었는데, 오랜만이라 그런지 어딘가 어색하고 크게 느껴졌다. 바로 가족과 친구들에게 연락했다. 일주일 정도가 지나자 특별히 할 게 없었는데도 괜한 보상심리가 발동해, 유튜브, 넷플릭스 등으로 영화를 뒤적였다. 주변을 둘러 봐도 개인 정비 시간이 되면 대부분 핸드폰을 쓰며 시간을 보내고 있었다.

나는 보충 중대에서 들었던 강연으로 인해 군 생활 동안

'100권의 책'을 읽는다는 목표가 있었기 때문에, 마냥 핸드폰만 잡고 있을 수는 없었다. 전차 대대에 있는 군 도서관에 가서 책을 고르기 시작했다. 특별히 좋아하는 장르가 있진 않아서 눈에 띄는 책들을 고르기 시작했다. 그러다가 우연히 정약용의 《목민심서》를 발견했는데, 얼마 전 들었던 강연이 생각났다.

"여러분, 혹시 우리나라 선조들이 쓴 책 한 권이라도 읽어 보셨습니까? 정약용이 쓴 《목민심서》를 읽어 보셨습니까?"

아마 원래의 나라면 이런 책들은 지루하다는 생각에 쳐다보지도 않았을 것이다. 하지만 강연 내용이 떠오르면서 '한번 읽어 보자' 싶어, 그 책을 읽기 시작했다.

《목민심서》는 정약용이 유배지에서 쓴 책으로 지방행정과 관련된 내용이다. 마을의 수령이 어떻게 마을을 관리하고 백성들을 다스려야 하는지 상세히 적혀 있었다. 책을 읽는 내내 자신은 유배지에 있었으면서도 나라와 백성을 깊이 사랑했던 정약용의 마음을 느낄 수 있었다. 그뿐만 아니라 실생활에 적용할 수 있는 수많은 지혜가 담겨 있음을 보며, 우리나라에 이런 위대한 선조가 있다는 사실이 자랑스럽게 느껴졌다.

《목민심서》를 읽으면서 정약용에 대해 궁금해지기 시작했다. 그 후 도서관에서 정약용의 《유배지에서 보낸 편지》를 발견해 그것도 읽게 되었다.

'정약용'은 조선 시대의 실학자로, 우리나라를 위해 큰 공을 세운 선조다. 화성을 쌓고 있을 당시 '거중기'와 '녹로'를 발명하여 많은 시간을 단축했지만, 종교적 탄압인 '신유박해'로 인해 유배 가게 된다. 그리고 그동안 쌓아왔던 명예와 부를 잃은 것으로도 모자라, 자기 형제와 사랑하는 막내아들 '농아'의 죽음을 전해 듣게 된다. 사랑하는 가족마저 잃게 된 것이다. 누가 봐도 불행한 상황이었다.

일반적인 사람이었다면, 평생 나라를 원망하고 술을 마시며 자신의 신세를 한탄했을 것이다. 그런데 정약용은 그러한 상황에서 이렇게 말했다.

"세상을 살아가는 사람은 한때의 재해를 당했다 하여 청운(靑雲)의 뜻을 꺾어서는 안 된다." (p.189)

그리고 사랑하는 아들에게 이렇게 이야기한다.

"너야말로 참으로 독서할 때를 만난 것이다. 지난번에 말했듯이 가문이 망해버린 것 때문에 오히려 더 좋은 처지가 되었다는 게 바로 이런 것 아니겠느냐." (p.39)

처음에는 이런 정약용의 모습을 이해할 수가 없었지만, 그의 마음을 곰곰이 생각해 보다가 놀라운 사실을 발견했다. 성약용은 이 사실을 알고 있었다.

'중요한 것은 문제를 보는 자신의 관점이다.'

정말 그랬다. 그는 유배지에 있는 동안 무려 '500여 권'의 책을 쓰고 역사를 뒤바꾼다. 《목민심서(牧民心書)》, 《경세유표(經世遺表)》와 같은 책들이 바로 유배지에서 쓴 책이다. 유배 생활을 하는 동안 원망만 하고 아무것도 하지 않았더라면 그는 여생을 불행하게 보냈을 것이다. 그러나 관점을 바꾸자 그는 역사에 길이 남을 만한 저서들을 집필할 수 있었다.

나는 '징집'으로 입대를 하게 되면서 나의 특기를 살리지 못하게 된 현실이 원망스러웠고, 그로 인해 내 삶이 큰 타격을 입었다고만 여겨 왔었다. 하지만 정약용을 보면서 꼭 그렇지만은 않다는 생각을 하게 되었다.
이렇게 질문을 던져 보았다.

'정약용이라면 나와 같은 상황에서 어떻게 했을까?'

군대는 사회보다 비교적 많은 부분이 제한된다. 하지만 그렇다고 해서 계속 부정적인 관점으로만 바라본다면, 군대를 통해 얻을 수 있는 것은 아무것도 없었다. 조금씩 '관점'을 바꾸자 신기하게도 군대가 다르게 보이기 시작했다. 물론 전차 대대에서 내 전공을 살릴 수는 없었지만, 그 외에도 나를 계발시킬 수 있는 또 다른 일들이 많았다.

'국가 기술 자격증', '독서', '특급전사 달성', '병 자기 계발 지원금', '독후감 대회' 등.

군대에서 나를 계발할 수 있는 일을 찾아 하나씩 도전해야겠다는 생각이 들었다. 이전에 선임이 이야기 해 줬던 독후감 대회에 나가기로 마음을 정했다. 물론 부담이 되었다. 하지만 적어도 시도는 해 보고 떨어지는 게 좋겠다고 생각되었다.

관점을 바꾸고 보니 군 생활을 통해 배울 수 있는 점이 많았다. 더는 '유배지'가 아니었다.

누군가 내게 '군 생활 동안 가장 큰 영향을 준 책'이 뭐냐고 물어본다면, 바로 정약용의 《유배지에서 보낸 편지》라고 답할 것이다.

나는 이 책을 통해 군대에서 '정약용'을 만났다.

그리고 이 문장을 마음에 새기게 되었다.

'너야말로 참으로 독서할 때를 만난 것이다.'

6. 《손자병법(孫子兵法)》

'지피지기 백전불태(知彼知己 百戰不殆), 적을 알고 나를 알면 백번을 싸워도 위태롭지 않다'

이 유명한 고사성어는 《손자병법》에서 나오는 말이다. 전쟁에 승리하는 법을 다루고 있는 이 책은 오늘날에도 많은 사람에게 사랑 받고 있다. 이 책이 훌륭한 고전이라고 막연하게 알고 있었지만, 막상 읽어 볼 엄두가 나지 않았다. 그러던 어느 날, '강원도민일보 독후감 대회'를 준비하며 이 책을 읽게 되었다. 처음에는 아무리 읽어도 도대체 무슨 이야기인지 이해할 수 없었다. 포기하고 싶은 마음이 올라왔다가 같은 책을 다르게 해석한 책을 발견하게 되면서, 총 세 가지 버전으로 읽게 되었다. 놀라운 일이 일어났다. 내용이 조금씩 이해가 가기 시작했고, 이 책을 어떻게 내 삶에 적용해야 하는지 알게 되었다. 그중 하나가 바로 '허실(虛實)'편에 나오는 '정공법(正攻法)과 계책(計策)'에 관한 내용이었다.

'정공법(正攻法)'이란, 우리가 흔히 아는 '전면전'이라고 볼 수 있다. 정정당당하게 하는 싸움이다. 이 전술은 전쟁할 때 필수적인 부분으로써 피해갈 수 없는 주된 전술이다.
 그렇다면 '계책(計策)'이란 무엇일까? '계책(計策)'은 어떤 일을 이루기 위해 생각해내는 꾀나 방법이다. '모략', '수법'과 같은 의미로 부수적인 전술이다.
 '정공법'이 상대방의 강한 부분과 맞서 싸우는 전술이라면, '계책'은 상대방의 약한 부분을 공략하는 전술이다. 상대방이 생각지 못했던 부분이나 약한 부분을 공격해 전쟁을 승리로 끌어낸다. 이때 무조건 '계책'만 가지고 전쟁해야 하는 것이 아니라, '정공법'과 '계책'을 잘 섞어 가며 전쟁을 할 때 높은 승률을 얻게 된다.

 전쟁에 관한 내용을 읽으면서, 나의 군 생활도 또 하나의 '전쟁'이라는 생각이 들었다. 나의 군 생활을 승리로 이끌어가기 위해 '정공법과 계책'을 적용해 보기로 했다.
 '군 생활 속의 정공법이란 무엇인가?'
 군 생활의 정공법이란, 모든 군인이 거쳐 가야 하는 필수적인 부분이다. 이른 시간에 일어나서 정해진 시간에 밥을 먹고, 훈련 또는 근무와 같이 피해 갈 수 없는 주된 요소들이다.

'군 생활 속의 계책이란 무엇인가?'

군 생활의 계책은, 군 생활을 보람되게 하는 방법들로써, '자격증 따기, 독서하기, 대회 참여하기, 체력 기르기 등' 부수적인 요소들이다.

주변을 둘러보니 군대 안에서 운영되는 프로그램에 대부분 관심이 없어 보였다. 개인 정비 시간이 되면 핸드폰을 하거나 그냥 무료하게 시간을 보내는 경우가 많았다. 그리고 '계책' 부분에 시간을 투자하는 건 귀찮은 일이었다. 스스로 질문해 보았다.

'군 생활에서 승리하고 싶은가?'

이왕 군 복무를 할 바에는 확실하게 해 보고 싶었다. 따라서 '계책'을 잘 활용해야겠다고 다짐했다. 여기서 중요한 점은, '정공법'과 '계책'을 잘 섞는 일이다. 내가 계책이 좋다고 해서 계책만 중요시하면, 군 생활의 필수적인 일을 해낼 수 없었다. 기본을 중시하며 '계책' 부분을 실행해 보기로 했다.

당장 할 수 있는 일들을 찾아보았다. 이전에 선임이 알려준 '사단 독후감 대회' 말고도, '강원도민일보'에서 군인들을 대상으로 열리는 독후감 대회가 있었다. 또한, 국방부에서 주최하는 '병영 문학상'이라는 대회도 있었다. 그때부터 부지런히 책을 읽고, 틈틈이 글도 썼다.

첫 번째 도전을 하면서 총 '5편'의 글을 써야 했다. 병영 문학상에 '3편'의 수필, 그리고 강원도민일보 독후감 대회에 '1편', 마지막으로 사단 독후감 대회에 '1편' 약 두 달에 걸쳐 마무리할 수 있었다. 글과는 무관하게 살았던 내가 처음으로 글쓰기를 시도하다 보니 스트레스가 엄청났지만, 글을 모두 제출하고 나니 뿌듯했다.

전차 대대에 있을 때 일주일에 약 6번씩 근무를 서야 했다. 한 번 근무를 설 때 1시간 30분씩 서야 했는데, 나에게는 그 시간이 '생각하는 시간'이었다. 다음에는 어떤 글을 써 볼지, 또는 앞으로 남은 시간을 어떻게 보내야 할지 계획하고 정리해 볼 수 있었다. 그렇게 지내다 보니까 군 복무 중 만나는 일들이 전처럼 어렵지 않았다. 오히려 시간이 빨리 간다는 느낌이 들었다. 그리고 얼마 후 도전했던 대회 결과가 나왔다.

첫 번째 '사단 독후감'은 탈락했지만, '강원도민일보 독후감' 대회에서 '장려상'을 받게 되면서 지상작전사령부 대장상을 수여하게 되었다. 그리고 '병영 문학상' 대회에서 '입선'을 하면서 국방부 장관상과 트로피를 수여하게 되었다. 평생 독서나 글쓰기와는 담쌓고 지냈던 내가 이런 결과를 얻었다는 게 믿기지 않았다.

    상을 받을 즈음이 책을 약 '45권' 정도 읽었을 때였는데, '독서 마라톤' 풀코스를 2번 완주하게 되면서 '포상휴가'를 10일이나 받게 되었다. 또한, '강원도민일보 독후감 대회'에서 상을 타면서 '휴가 3일'을 받게 되었고, 후반기 교육을 3등으로 수료하게 되면서 추가로 '휴가 3일'을 더 받을 수 있었다.

    우리 부대는 총 16일의 포상휴가를 받을 수가 있었는데, 일병 4호봉 때 16일 포상휴가를 다 채울 수가 있었다.

    이런 일들을 통해 군 생활의 '계책'을 활용하는 방법을 분명하게 경험해 볼 수 있었다.

2021 제20회 병영문학상 수필부문 입선

그제야 이해가 되었다.
왜 많은 사람이 《손자병법(孫子兵法)》을
훌륭한 책이라고 하는지.

3

일병

7. 《부의 추월차선》

부자가 되는 방법에는 어떤 것들이 있을까?
저축하기? 복권에 당첨되기? 사업하기? 주식에 투자하기?

나는 어릴 때부터 주변 친구들과는 좀 다른 삶을 살았다. 학창시절 매번 급식 지원 대상자였으며, 처음 핸드폰을 가지게 된 것도 성인이 된 이후였다. 중학교 시절, 아침 조회 후 핸드폰을 걷는 시간이 되면, 반 아이들 대부분이 앞으로 나가 교탁에 핸드폰을 제출했다. 매번 묵묵히 자리에 앉아 있던 나는, 이러한 상황이 가시방석의 연속처럼 느껴졌다. 한번은 어떤 친구가 내게 핸드폰이 없냐고 물어봤는데, 없다는 사실이 밝혀질까 싶어 대답을 흐리며 피했던 기억도 있다.
'왜 나는 가난하게 살아야 할까?'
이런 생각들이 나를 사로잡았고, '가난'은 내 삶에 그저 불편한 존재로만 보였다. 이런 생각들 속에 갇혀 삶을 살아오던 나에게 '돈을 버는 방법'에 대해 새로운 시각을 심어 준 책이 있는데, 바로 '엠제이 드마코'의 《부의 추월차선》이다.

저자는 돈을 버는 방법에는 세 가지의 길이 있다고 말했다. '인도', '서행차선', '추월차선' 그리고 부자가 되고 싶다면 우리의 차선을 바꿔야 한다고 말했다. 바로 '부의 추월차선'으로 말이다.

"사람들이 필요로 하는 것을 가지면 돈은 자연히 굴러들어 올 것이다. 돈이란 다른 사람이 원하고, 바라고, 갈망하고 필요로 하는 것을 가진 사람에게 끌려오기 때문이다." (p.373)

이 부분을 읽는데, 저자가 말하는 '부의 추월차선'이란, 열심히 일하며 돈을 버는 일반적인 방법이 아니라, 부자들이 가진 사고방식으로 생각을 바꿔야 한다는 뜻으로 이해가 됐다. 부자들의 사고방식의 핵심 중 하나는, 돈을 벌기 이전에 사람들이 원하고 필요로 하는 것을 생각하는 것이었다.

그동안 '가난의 울타리' 속에 살던 내게 이 책은 '다른 사람들은 무엇을 필요로 할까?'라는 의문을 던지게 했다. '필요'에 대한 생각을 하다가, 반대로 생각해 보니까 사람들의 '불편함'을 해결하면 '필요'를 충족시킬 수 있겠다는 생각이 들었다. '로봇 청소기', '식기 세척기', '의류 건조기' 등의 가전제품을 발명해 불편함을 없애면서 자연스럽게 돈을 벌게 되는 경우와, 사람들이 궁금해하는 걸 영상으로 설명해 '조회 수'로 수익을 얻는 '유튜브 크리에이터'가 그랬다.

이전의 내 삶을 돌아보니, 어떤 일이나 상황 속에서 불편한 점이 있으면 그냥 불평만 해 왔다. 하지만 《부의 추월차선》을 통해 '불편함'에 대해 새로운 관점으로 바라볼 수 있게 되면서, '불편함'은 돈을 벌 수 있는 좋은 '기회'라는 사실을 알게 되었다.

책을 읽고 며칠이 지났다. 우리 부대에는 매주 금요일마다 다 같이 모여서 교육을 받는 시간이 있었는데, 그날은 어떤 간부님께서 '부대 잔반 처리 비용'에 대해서 이야기하셨다. 요약하자면, '요새 잔반 처리 비용이 많이 드는데 용사들이 밥을 먹을 때 잔반을 많이 남기지 않도록 신경 써 달라.'는 내용이었다. 대부분의 용사는 주의 깊게 듣고 있지 않았다. 왜냐하면, 잔반을 처리할 때 딱히 제지를 받지 않을 뿐더러 본인이 잔반 처리 비용을 내지 않기 때문이었다. 나 역시 나랑 별로 상관없다는 듯이 듣고 있었다.

교육이 끝나고 생활관으로 돌아가는데, 문득 얼마 전에 읽었던 《부의 추월차선》이 생각났다. 생각해 보니 잔반 처리로 인해 발생하는 비용도 우리 부대의 '불편한 점'이었다.

'그렇다면 내가 한번 이 불편함을 해결해 보고 싶다.'

그리고 얼마 후 '인권병영 수기 공모전'이 있다는 걸 알게 되었다. 병영 생활에 대해 적는 공모전인데 입대 당시 큰 절망 속에 있던 내가 '관점'을 바꾸게 되면서 완전히 다른 군 생활을 하게 된 이야기를 적고 싶었다. 나의 이야기가 누군가에게는 도움이 되겠다는 생각이 들었다. 다시 말해, 이것 또한 다른 사람들의 '불편함'을 해결해 주는 일이었다.

얼마 후, 첫 휴가를 나가게 되었는데 휴가 동안 '잔반 처리 비용 절감 방안'과 '인권병영 수기 공모전' 이 두 가지에 도전하겠다는 계획을 세웠다. 휴가를 가기 전날 밤, 생활관에 누워 있는데 잠이 오질 않았다. 입대 후 첫 휴가라는 생각에 설레고 기대돼서 잠을 설치다 날이 밝았다.

휴가 동안 행복한 시간을 보냈다. 그리고 틈틈이 시간이 날 때마다 컴퓨터를 켜서 '잔반 처리 비용 절감 방안'과 '인권병영 수기 공모전' 글을 썼다. 짬짬이 글을 쓰다 보니까 어느새 하나의 '보고서'가 완성되었고, 공모전 글도 마무리를 짓게 되었다.

휴가를 마치고 다시 부대로 복귀한 후, 코로나 감염 예방을 위해 2주간 격리하게 되었다. 격리하면서 휴가 동안 작성한 보고서를 어떻게 할지 고민하다가, 대대장님께 가지고 가서 말씀을 드리면 어떨까 싶어 문자로 연락을 드렸다.

-충성 대대장님, 일병 김동원입니다. 다름이 아니라 저번에 교육을 받으면서 '잔반 처리 비용'에 대해 들었습니다. 처음에는 관심 없이 듣다가 다시 생각해 보면서, '우리 부대 일인데 나도 한 번쯤은 생각해 보고 싶다.'라는 마음이 들었습니다. 이번 휴가 동안 그 부분에 대해 제 생각을 적어 보았습니다. 나중에 격리를 마치고 나면 대대장님께 찾아가 말씀드리고 싶습니다.

얼마 지나지 않아 답장이 왔다.

-그래, 기대된다. 격리 마치고 보자.

격리가 끝나고 대대장실에 찾아가 문 앞에서 기다리는데 내 심장 박동이 느껴졌다.

'대대장님께서 보고서를 어떻게 생각하실까? 기대된다고 하셨는데.'

9시가 되어 대대장실을 노트했다. 대대장님은 반갑게 맞아 주셨다. 보고서를 전달 드린 후, 그 내용을 토대로 나의 의견을 말씀드렸다. 대대장님께서 하나하나 자세히 보시면서 이야기를 들으셨다.

결론부터 말하자면, 내가 제시했던 의견들은 수락이 되지 않았다. 그렇지만 대대장님께서는 내가 이렇게 찾아온 것과 부대를 위해서 깊이 생각해 준 부분에 고마워하시고 기뻐하셨다. '잔반 처리 비용 절감 방안'에 대해 말씀드리고 나서, 한 가지 더 말씀드리고 싶다고 했다.

"대대장님, 입대 당시에 제 마음이 참 어려웠습니다. 원래 저는 클라리넷 연주자인데, 징집병으로 뽑혀 저의 특기를 살릴 수 없다는 생각에 군대에 오기 싫었습니다. 훈련소에서 '군악대'를 가 보려고 했지만, 그마저도 길이 열리지 않았습니다. 이런저런 일 끝에 결국 '장갑차 조종수'로 이곳에 오게 되었습니다. 모든 게 부정적이고 안 좋게만 느껴졌습니다. 그런데 군대에서 처음으로 '독서'를 시작하게 되면서, '관점'을 바꾸게 되었고 다양한 공모전에 도전해 보았습니다. 얼마 전 '강원도민일보 독후감 대회'와 '병영 문학상'에서 상을 받게 되었습니다. 처음과는 달리 저는 지금 행복한 군 생활을 하고 있습니다. 대대장님께서 허락해 주신다면, 우리 부대에 있는 용사들을 위해 콘서트를 하고 싶습니다."

"그래, 좋다. 그러면 이번 크리스마스 때 콘서트를 해 보면 좋겠다. 네가 혹시 글 쓰는 부분에 관심이 있다면 '기고문' 한 번 써 볼래?"

"감사합니다. 대대장님. 그런데 기고문이 뭔지 잘 모르겠습니다."

"아, 국방일보에 글을 쓰는 거야."

"네, 알겠습니다. 감사합니다."

그날 나는 '잔반 처리 비용'에 대한 이야기로 시작해서 뜻밖의 결과를 얻게 되었다.

'부대 안 콘서트', 그리고 '기고문'

신기했다. 만약 내가 '잔반 처리가 나와 무슨 상관이 있겠어?' 하고 그냥 넘겨 버렸다면, 이런 일들을 경험할 수 없었을 것이다. 얼마 후 놀라운 소식을 듣게 되었다. 지난 휴가 때 적었던 '인권병영 수기 공모전'에서 내가 쓴 글이 '최우수 작품'이 되었다는 소식이었다. 최우수상으로 '육군참모총장상'을 받았다.

나는 오랫동안 '우리 집안은 가난해'라는 생각 속에 살아왔었다. 하지만 《부의 추월차선》을 통해 부자들의 사고방식을 배울 수 있었고, 불편함에 대해 새로운 시각을 가지게 되었

다. 물론 이번 일을 통해 돈을 벌 수 있었던 것은 아니었지만, 그렇게 불편함을 해결하려고 하다 보니 군대에서조차 놀라운 경험을 할 수 있었다. 앞으로도 '나는 가난해.'라는 생각 속에 머물지 않고 사람들의 불편함을 해결하다 보면, 언젠가는 부자가 될 수 있지 않을까 하는 희망이 생겼다.

8. 《멘탈의 연금술》

중국에 한 노인이 살고 있었다. 그 노인에게는 자신의 전 재산이라고 할 수 있는 말 '한 필'이 있었다. 노인은 그 말을 이용해 농사를 하거나 물건을 팔았다. 그런데 어느 날 밤, 비가 내리며 천둥 번개가 심하게 쳤고, 이에 놀란 말이 우리를 벗어나 도망을 쳤다. 다음 날 그 소식을 알게 된 마을 사람들은 노인을 보고 말했다.

"아이고, 전 재산 같은 말이 도망가다니 참 안타깝네요."
그런데 그 노인은 태연하게 대답했다.
"글쎄요, 혹시 이 일이 복이 될지 누가 알겠소?"
신기하게 며칠이 지나자 도망갔던 말이 돌아왔는데, 그냥 돌아오지 않고 야생마 한 필과 같이 돌아왔다. 순식간에 말이 '두 필'이 되었다. 그걸 본 마을 사람들은 말했다.

"축하드립니다. 이 일이 정말로 복이 되었군요."

그런데 노인은 또 이렇게 대답했다.

"혹시 몰라요. 이 일이 해가 될지 누가 알겠소?"

노인에게는 아들이 하나 있었는데, 어느 날 이 아들이 새로 생긴 야생마를 길들이려다가 말에서 떨어지는 바람에 두 다리가 부러지고 말았다. 이걸 본 마을 사람들은 이야기했다.

"이런 이런, 하나밖에 없는 아들의 다리가 부러지다니. 이걸 어쩌면 좋겠어요."

하지만 노인은 다시 말했다.

"글쎄요. 이 일이 복이 될지 누가 알겠소?"

시간이 흘러 나라에 큰 전쟁이 일어났다. 노인이 사는 마을에도 군인들이 찾아와 건장한 남자들을 데려가기 시작했다. 노인의 아들은 두 다리가 부러진 바람에 전쟁에 끌려가지 않았고, 덕분에 목숨을 건질 수 있었다.

어느 날 '보도 섀퍼'의 《멘탈의 연금술》이라는 책을 통해 '새옹지마'에 대한 이야기를 읽게 되었다. 그 당시만 해도 이 이야기는 예전부터 많이 들었던 내용이라, 특별한 감흥이 없었다.

얼마 후, 동생 결혼식이 있어서 '두 번째 휴가'를 나가게 되었다. 우리 부모님은 해외에서 선교 활동을 하고 계셨는데, 비자 문제가 해결되면서 코로나 시국에 한국으로 입국을 하실 수 있었다. 얼마 후 '오미크론 바이러스'가 일어나면서 해외에서 오는 사람들이 한국으로 입국할 수 없다는 뉴스가 나왔다. 타이밍이 절묘했다. 나도 첫 번째 휴가를 다녀온 지 얼마 안 된 상황이었기 때문에 다시 휴가를 나가기가 어려웠지만, 많은 분의 배려 덕분에 두 번째 휴가를 나갈 수 있었다. 그것뿐만 아니라 많은 일이 순조롭게 잘 진행되었다. 동생이 행복해하는 모습을 보니까 나도 행복했다.

  동생은 결혼식을 마치자마자 신혼여행을 갔고, 나는 부모님과 함께 시간을 보낼 수 있었다. 부모님께서 거의 2년 만에 한국에 오신 거라서 함께 보내는 며칠이 소중했다. 신혼여행을 마친 동생이 돌아왔고, 그다음 날 부모님께서 다시 해외로 출국하실 예정이었다. '코로나 PCR 검사'와 '비자 서류', '비행기 티켓' 등 준비할 것이 많았다.

  당일이 되었다. 부모님은 아침 일찍부터 인천 공항으로 이동하기 위해 터미널로 가셨고, 나와 동생도 배웅을 위해 함께 갔다. 지금 가시면 또 언제 뵐지 몰랐기 때문에 인사와 따뜻한 포옹을 해 드렸다.

  아직 휴가가 좀 남아 있었던 나는 친구들과 약속을 잡아 기차를 타고 부산으로 내려갔다. 오랜만에 친구들을 만나 놀고 있는데 갑자기 동생한테서 전화가 왔다.

  "형, 큰일 났어. 아빠 여권이 사라졌대."

그 이야기를 듣는데 머릿속이 멍해졌다.

"좀 전에 전화가 왔어. 혹시 집에 엄마 아빠 여권 가방이 있는지 찾아보라고. 근데 형도 기억하잖아, 아침에 분명히 여권 챙겨서 가신 거."

당황스러웠다. 도대체 왜 여권이 사라진 건지. 아빠가 분명히 작은 가방에 'PCR 검사 종이'와 '여권', 그리고 '비행기 티켓'을 챙기신 기억이 났다. 절망스러웠다. 여권이 사라지면 비자를 새로 다시 받아야 했기 때문이었다. 비자가 언제, 어떻게 다시 나올지는 아무도 몰랐다.

'도대체 이게 무슨 일이지?'

동생 결혼식이 큰 문제없이 진행되어서 좋았었다. 부모님도 다시 해외로 가시고 모든 게 완벽한가 싶었는데, 일이 터지고 말았다. 도저히 뭘 어떻게 해야 할지 모르는 막막한 상황이었다. 기분이 안 좋아졌다. 친구들은 무슨 일이 있냐면서 걱정하기 시작했다. 오랜만에 만난 친구들 앞에서 표정 관리를 할 수가 없었다. 그런데 그때, 얼마 전 《멘탈의 연금술》 책에서 읽었던 '새옹지마' 이야기가 생각이 났다.

'글쎄요, 혹시 이 일이 복이 될지 누가 알겠소?'

그 노인의 말이 내 머릿속을 스쳐 갔다.

'그래, 혹시 몰라. 이 일이 오히려 좋게 될지 누가 알겠어. 이게 나쁜 일이라고 단정 짓지 말자.'

그러자 신기하게도 내 마음을 추스를 수 있었다. 먼저 상황

설명을 간략히 한 뒤 친구들을 안심시키고, 아빠에게 전화를 걸었다.

"아빠, 소식 들었어요. 많이 놀라셨죠? 물론 이 상황이 당황스럽긴 하지만 너무 걱정하지 않으셨으면 해요. 잘될 거예요."

나는 성격이 급한 편이라서 일이 꼬이면 답답해하는 사람인데, 만약 이 상황에서 짜증을 부리고 형편을 탓해도 달라질 것이 없을뿐더러, 오랜만에 만난 부모님 마음에 상처를 줄 수도 있겠다는 생각이 들었다. '새옹지마' 이야기를 떠올리며 이 현실을 받아들이고 긍정적으로 생각해 보려고 시도하니, 마음이 침착해지면서 감정도 가라앉고 뭔가 일이 잘 해결될 것 같은 느낌이 들었다. 중간 중간 부모님과 통화를 하면서 "걱정하지 마세요, 안 되면 다시 집으로 오셔서 천천히 준비하시면 돼요."라고 말씀을 드렸다. 그리고 그날 밤, 편히 잠들 수 있었다.

다음 날 새벽 6시에 전화가 왔다. 아빠였다.
"아들. 여권 찾았다!"
일의 정황을 살펴보니, 도둑이 가방을 훔쳐 갔다가, 여권과 서류만 있어 공항 쓰레기통에 버렸고, 다행히 발견된 가방이 아빠에게 되돌아 온 것이었다.
'만약 그때 동생 전화를 받고 내 감정을 그대로 표출하고

부정적으로만 생각했다면 어떻게 되었을까?'
 물론 여권은 다시 찾았겠지만, 부모님에게 짜증을 내고, 오랜만에 만난 친구들과도 좋은 시간을 보낼 수 없었을 것이다.

 나는 그동안 당장 눈앞에 일어난 일들을 보고 판단할 때가 많았다.
 '이건 안 좋은 거야, 이것 때문에 내가 망했어.'
 그러나 그 마음을 내려놓고 현실을 받아들이고 긍정적으로 바라보면, 오히려 놀라운 일들이 나를 기다리고 있었다.
 부모님은 무사히 해외로 출국하셨고, 그렇게 잊지 못할 두 번째 휴가를 보내게 되었다.

 책을 읽다 보면, 잘 알고 있다고 생각한 내용이 새롭게 보일 때가 많다.
 《멘탈의 연금술》이 그랬다. 이 책을 읽지 않고 휴가를 갔다면, 이런 경험을 할 수 없었을 것이다.
 단순한 이야기라도 어떻게 보느냐에 따라 달라짐을 생각해 볼 수 있는 계기가 되었다.

9. 국방일보, 그리고 인터뷰

어느 날, 중대장님께서 나를 찾으셨다.
"동원아, 너 기사 올라온 거 봤어?"
"아직 못 봤습니다."
"축하한다. 오늘 아침 사단 홈페이지에 네 글이 올라왔더라. 기사 링크는 문자로 보내 줄게. 국방일보 신문에도 올라왔을 거니까 나중에 확인해 봐."
"예, 알겠습니다. 감사합니다."

지난번 잔반 처리 비용 문제로 대대장님을 찾아뵈면서 뜻밖에도 국방일보에 기고문을 쓰게 되었다. 어떤 글을 쓸까 곰곰이 생각하다가, '관점'에 대해서 적어 보았다.
입대를 앞두고 절망에 빠졌던 심정, 그리고 '관점'을 바꾸게 되면서 달라진 나의 군 생활. 누군가 나의 이야기를 통해 '희망'을 얻게 될 걸 생각하니 설렜다. 기고문을 쓴다고 해서 국방일보에 다 실리는 건 아니었기 때문에, 과연 내 글이 실리게 될지 떨리는 마음으로 결과를 기다리고 있던 참이었다.

'내 글이 국방일보에 실리게 될 줄이야!'

중대장님께서 소식을 전해 주시는데 감격스러웠다. 그런데 이어지는 중대장님의 말씀에 깜짝 놀랐다.
"국방 FM 라디오 방송국 쪽에서 연락이 왔는데, 너를 인터뷰하고 싶다고 하네. 인터뷰 할 의향이 있니?"
'인터뷰? 국방일보에 기고문이 실린 것만 해도 감사한데, 국방 라디오에서 인터뷰 요청이라니?'
"꼭 하고 싶습니다."
"그래, 내가 그렇게 전달해 줄게. 고생했다."
중대장실을 나오는데 이게 무슨 일인가 싶었다. 상상치도 못한 일이었다. 오후쯤에 행정반에 가서 새로 나온 국방일보 신문을 확인해 봤다. 중대장님 말씀대로 내 기사가 실려 있었다. 지금까지 내가 이런 일을 할 거라고는 생각도 못해 봤는데, 마치 꿈을 꾸는 것만 같았다.

기사가 나온 후로부터 '국방 FM 라디오 방송 인터뷰'를 준비했다. '지조 있는 밤'이라는 프로그램인데, 래퍼 '지조'님께서 진행하시는 프로그램이었다. 생애 처음으로 해 보는 인터뷰라 긴장됐지만, 미리 질문지를 보내 주셔서 내 생각을 적어 보면서 준비할 수 있었다.

2021년 12월 23일. 목요일 저녁 8시 20분쯤 방송국에서 전화가 왔다. 준비한 대로 인터뷰를 하게 되었다. 라디오 진행자인 '지조'님께서 편안하게 인터뷰를 진행해 주신 덕분에 잘 마무리할 수 있었다.

마지막에 신청곡 순서가 있었는데, 2017년 나의 첫 독주회 때 엄마랑 같이 듀엣으로 연주했던(엄마는 플루트, 나는 클라리넷) 유재하의 '사랑하기 때문에'를 부탁드렸다. 인터뷰 마지막 즈음 그 곡이 방송으로 나갔다. 라이브로 듣고 있던 부모님과 동생도 좋아하셨다.

12월 크리스마스이브 전날, 나는 큰 선물을 받았다.

'국방일보 기고문', 그리고 '라디오 인터뷰'

입대한 시점부터 지금까지의 시간을 돌아보았다. 처음에는 내 인생이 망할 것 같고 군대 때문에 모든 게 안 좋다고만 생각했었는데, 마음을 바꾸고 나니 놀라운 일들이 일어났다. 무엇보다 '독서'가 이 모든 것의 시발점이라는 사실이 가장 놀라웠다. 그날 밤 '새로운 꿈'을 품게 되었다. 내가 경험한 일들을 '책'으로 만들어 앞으로 군대에 오게 될 많은 장병에게 이 사실을 알려 주고 싶었다.

'만약 누군가 입대를 하는 시점부터 이 사실을 알게 된다면' 상상해 보았다. 내 책이 훈련소에 있는 책장에 꽂혀, 누군가가 그 책을 읽고 소망과 기쁨을 얻게 되는 그런 모습을 말이다. 상상만으로도 행복했다.

여러 책을 읽을수록 점점 마음속에 자리 잡는 사실이 있었는데, 나 하나만을 위해 살아가는 것이 아니라 다른 사람들을 돕고 위할 때, 더 크고 진정한 '행복'을 느낄 수 있다는 점이었다.

책을 통해 본 사람들은 진정으로 자신을 사랑하고 자신의 삶을 존중함과 동시에, 타인의 삶도 존중하고 배려하며 진심으로 행복해했다.

나도 인생을 행복하게 살고 싶다. 내가 행복하게 사는 길은, 나만을 위한 삶이 아닌 주변 사람들을 도우며 함께 살아가는 데 있었다. 그러기 위해서 해야 하고, 하고 싶은 일 중 하나가 '나의 이야기를 책으로 쓰기'였다. 이 생각과 동시에, '감히 내가 이런 것을 할 수 있을까?' 하는 생각도 올라왔다. 이제까지 한 번도 책을 써 본 적이 없었기 때문이다. 하지만 그동안의 일들을 생각해 보면서 한 가지 분명해지는 사실이 있었다.

'내가 아무것도 하지 않는다면,
아무 일도 일어나지 않는다.'

일단 시도해 보기로 결심했다. 그날 인터뷰를 마치고 잠자리에 드는데 마음이 편안하고 감사했다.

보충 중대에서 강연을 해 주셨던 사단장님이 생각났다. 그분도 강연을 듣고 있던 약 100명 정도의 용사들이 다 바뀔 거라고는 생각하지 않으셨을 것 같다. 아마 그중에 '단 한 사람이라도 변할 수 있다면.' 하는 마음으로 강연을 하셨을 텐데, 내가 그중에 '한 사람'이 되었다.

나도 소망을 가져 보았다.
'천 명 중 한 명이라도, 아니면 만 명 중 한 명이라도 나의 이야기를 통해 좋은 영향을 받을 수 있다면 얼마나 놀라운 일인가!'
그런 소망을 품고 눈을 감았다.
행복한 꿈이었다.

10. 제설이 준 교훈

　12월 24일 저녁, 하늘에서는 하얀 눈이 펑펑 내렸다. 다른 날도 아니고 '크리스마스이브'에 내리는 눈이었다. 만약 사랑하는 연인이 밤에 데이트하던 도중 이런 광경을 본다면 아름다운 추억이 되었을 것이다.
　하지만 강원도 고성, 군대에서 맞이하는 눈은 아름답지 않았다. 군인들은 하늘에서 내리는 눈을 보고 그저 '하얀 쓰레기'라고 생각한다. 쌓인 눈을 다 치워야 하기 때문이다.

　다음날 아침, 생활관 문을 열고 나왔는데 눈을 뜰 수 없었다. 새하얀 눈이 아침 햇살을 받아 눈부시게 반짝거리고 있었다. 실눈을 뜨며 무슨 상황인지 파악하기 시작했다. 밤새 엄청난 양의 눈이 내렸다. 눈이 거의 무릎 넘게 쌓여 있었는데, 태어나서 그렇게 많이 쌓인 눈은 처음 봤다. 한숨이 절로 나왔다.

'이걸 어떻게 다 치우지.'

아니나 다를까, 잠시 후 방송이 나왔다.

"아아, 당직사관이 알립니다. 병사들은 지금 다 장갑을 끼고 삽을 들고 모여 주시기 바랍니다. 오늘은 계속 제설 작업을 할 예정입니다."

'아, 주말인데.'

주말에 눈을 치워야 한다는 현실이 가슴 아팠다.

훈련소에서 소대장님이 하신 이야기가 생각났다.

"자대배치를 강원도로 받게 되면 겨우내 눈만 치울 거다."

그제야 그 말이 이해가 갔다.

눈이 엄청났기에 두 시간이 넘게 작업을 했지만, 전혀 줄어들지 않는 것처럼 보였다. 제설하던 도중, 문득 이런 생각이 들었다.

'만약 내가 어벤져스에 나오는 타노스처럼 손가락을 한번 '탕!' 하고 튕겼을 때, 모든 눈이 사라진다면?'

상상만 해도 기분이 좋았다. 하지만 눈앞의 현실은 암담할 뿐이었다. 우리는 주말 내내 눈을 치웠지만, 작업은 그다음 주 평일까지 계속되어 총 5일에 걸쳐서야 마무리할 수 있었다. 마치고 나니까, '곧 또다시 눈이 내리진 않을까?' 하고 괜히 겁이 나기도 했다. 그 당시 제설을 하면서 '한 방에 이 모든 눈이 사라지면 얼마나 좋을까?' 하는 생각이 여러 번 들었다. 아마 나 말고도 그런 생각을 한 사람이 있었을 것 같다.

어린 시절, 문방구 앞에서 '뽑기 게임'을 할 때 한 번씩 큰 게 터지면 기분이 짜릿했다. 나는 인생을 살면서도 마치 '뽑기 게임'을 하듯, 뭔가 한 방에 '빵!'하고 크게 터지길 바랄 때가 많았다. 현실은 영화처럼 그렇지 않았다. 작은 성과를 얻기 위해서라도 수고와 노력이 필요했다.

나는 제설을 통해 한 가지 배울 수 있었다. 바로 '삽질 한 번의 위력'이었다. 처음 무릎까지 쌓인 눈을 봤을 때는 '과연 이 많은 눈을 다 치울 수 있을까?' 싶었지만, 모두가 모여 한 번, 두 번 삽질을 이어 나가다 보니 어느새 땅이 보이기 시작했고, 결국에는 사람들이 미끄러지지 않고 편하게 다닐 수 있는 '길'이 만들어졌다. 처음에 한 삽은 아무런 변화가 없어 보였지만, 이런 한 삽 한 삽이 모여 결국에는 놀라운 결과를 만들어냈다.

12월 겨울. 강원도 고성 자대에서 제설하며, 5월 입대 후 지금까지의 시간을 돌아보았다.

'강원도민일보 독후감 대회'
'병영 문학상'

'국방일보 기고문'
'국방 FM 라디오 인터뷰'
그리고 '80권의 독서'

'삽질 한 번의 위력'이 결국 이 많은 눈을 다 치운 것처럼, 시작할 당시에는 '될까?' 싶었던 일에 하나씩 도전해 보자, 어느새 나의 군 생활이 도전과 행복으로 가득 차 있었다.
'쉽게, 또는 빨리 이 군 생활이 끝나기만을 바랐다면 나는 어떻게 되었을까?'
얼마 후, 예상했던 대로 다시 눈이 내리기 시작했다.
"아, 당직사관이 알립니다. 지금 눈이 내리는 관계로 내일 아침 일찍 제설 작업을 할 계획입니다. 모두 이 부분을 숙지해 주시기 바랍니다."
그 방송을 듣는데 나도 모르게 툭 하고 한마디가 나왔다.

"고맙다 제설아."

11. 마인드풀 이팅(Mindfull Eating)

나는 고등학생 때부터 아토피를 앓기 시작했다. 아토피가 갑자기 생기자 당황스러웠다. 처음에는 오른쪽 허벅지에서 붉은 반점으로 시작하더니, 일 년이 안 돼서 양쪽 허벅지와 종아리에 퍼졌다. 다른 친구들의 시선을 굉장히 의식하는 시기라 아토피가 더 신경쓰였다. '괜찮아지겠지' 싶었는데 날이 갈수록 심해졌고, 나중에는 내가 봐도 흉측한 모습으로 변했다.

그 후 반바지를 거의 입지 않았다. '내가 내 다리를 봐도 이렇게 징그러운데 다른 사람들이 보면 어떻겠나?' 싶었다. 교복과 사복 바지를 너무 긁어대는 바람에 그 부분은 항상 반들거렸다. 아토피가 심해져 약을 먹기 시작했는데 처음에는 효과가 있나 싶더니 다시 심해졌다. 한번은 '거북이 등껍질'처럼 갈라진 내 다리를 보는데 눈물이 왈칵 쏟아졌다.

'평생을 이렇게 살아야 하나.'

어린 마음에 차라리 죽고 싶다는 생각마저 들었다. 성인이 된 이후로는 '아토피는 고칠 수 없구나.'하고 체념했다. 여름에는 그나마 괜찮았는데 건조한 겨울이 되면 다시 심해졌기 때문에, 겨울이 싫었다.

아토피가 생긴 지 약 10년이 흘렀을 무렵, 입대하게 되었다. 입대 당시 5월이었는데 여전히 아토피가 있는 상태였다. 훈련소 기간을 보낸 후 '강원도 고성'으로 가게 되었다. 신기하게도, 군대의 규칙적인 생활과 강원도의 맑은 공기 덕분인지 아토피가 점점 호전되기 시작했다.
'이렇게 낫는 건가?'
나중에는 다른 사람들이 봐도 나에게 언제 아토피가 있었냐는 듯이 거의 사라지게 되었다. 기쁨을 누린 것도 잠시, 고성에 추운 겨울이 찾아왔다. 겨울에는 증상이 심해지는데, '또 다시 아토피가 올라오면 어떻게 하나?' 싶었다. 역시나, 아토피는 나에게 자비를 베풀지 않았다. 11월 말쯤부터 다시 다리에 붉은 반점이 올라오기 시작했다. 그 반점들이 커지더니 온 다리에 번졌다.
아토피 때문에 생기는 피부염보다 가려움 때문에 긁어서 생기는 상처가 더 심했다. 나는 10년이 넘게 고생을 했기 때문에 어느 정도 가려움은 견딜 수 있어서 낮에는 의식적으로 참았는데, 밤이 되면 자는 동안 무의식적으로 긁기 시작했다.

낮에 그렇게 참고 안 긁어도 잠을 자고 일어나면, 두 손에는 '피'가, 다리에는 '상처'가 가득했다. 12월, 날씨가 더 추워지면서 아토피는 점점 심해졌다. 다시 절망이 찾아왔다.

'이건 안 되는 거구나.'

생활관 동기들도 내 다리를 보고 '아토피가 그렇게 심했냐.' 면서 놀랐다.

절망 가운데 있던 중, 어느 날 우연히 '환경 다큐멘터리 전문 PD 유진규'의 《청결의 역습》이라는 책을 보게 되었다. 이 책은 우리 몸에 있는 세균이 신체에 어떤 영향을 주는지 설명하고 있었다. 책을 보면서 '장'과 '아토피'가 연관되어 있다는 사실을 알게 되었다. 그동안 나는 아토피가 '피부 문제'라고 알고 있었기 때문에, 보습을 하고 약을 잘 발라야 한다고만 생각했었다. 그러나 책을 읽으면 읽을수록 나의 뱃속 '장내 세균'이 제대로 역할을 하지 못하고 있음을 발견할 수 있었다.

'어떻게 하면 장을 건강하게 만들 수 있을까?' 하고 생각해 보다가 처음으로 나의 식습관을 되돌아보게 되었다. 깜짝 놀랐다.

'빨리빨리'

이것이 내가 가지고 있던 가장 큰 문제였다.

나는 어린 시절에 할머니와 함께 지낸 시간이 많았는데, 할머니께서는 늘 밥상을 한가득 차려 주셨다. 그럼 나는 할머니를 기쁘게 해 드리고 싶어서 밥을 내 양보다 더 많이 먹곤 했다. 한 공기 먹을 것을 일부러 두 공기씩 먹으면, 그 모습을 보신 할머니께서는 이렇게 말씀하셨다.
"아이고 우리 똥강아지, 밥도 잘 먹고. 할미가 해 준 밥이 그렇게 맛있어?"
"할머니가 해 주신 밥이 최고예요!"
엄지를 척 올리면서 밥숟가락을 입에 넣었다. 그렇지만 밥을 빨리 먹어야 밖으로 놀러 갈 수 있었기 때문에, 밥을 많이 먹으면서 빨리 먹는 버릇을 가지게 되었다. 이런 식으로 어릴 때부터 '폭식'과 '과식'을 습관화하게 되었다.
어릴 때는 순전히 놀고 싶은 마음에 빨리 먹었지만, 성인이 되면서부터는 여러 가지 일 때문에 밥을 빨리 먹어야 했다. 나도 모르는 사이에 잘못된 식습관을 가지게 된 것이다.
선천적으로 장이 안 좋은 나에게는 이런 습관이 치명적이었다. 책을 통해 이런 습관이 나에게 안 좋게 작용해 왔다는 사실을 알 수 있었다. 내 몸은 과부하가 걸리기 시작했고 그게 '아토피'로 나타나기 시작했다.

나는 밥을 빨리 먹는 것뿐만 아니라 삶의 여러 부분에서도 빨리하는 습관에 익숙해져 있었다.

음악을 할 때 빨리 잘하고 싶은 마음, 운동할 때는 빨리 근육을 만들고 싶은 마음, 책을 읽으면 빨리 읽고 싶은 마음 등 '빨리 하려는 마음'이 컸다.

처음으로 이런 부분들을 돌아보게 되면서 나의 삶 속 많은 부분에서 속도를 늦추어야 할 필요성을 느끼게 되었다. 내가 밥 먹는 시간을 계산해 보니, 보통 5분 정도였고 10분을 넘기는 적이 거의 없었다. 건강한 식습관을 위해서는 적어도 '15분' 정도 필요했다. 그때부터 나의 식습관을 바꿔 보기로 했다.

군대에 있으니까 보통 선, 후임들과 같이 밥을 먹는데 다른 사람들도 밥을 빨리 먹었다. 사람들과 속도를 맞추기 위해 밥을 천천히 먹으면서, 밥의 양을 줄이게 되었다. 그러자 위에 부담이 덜 가게 되면서 점점 속이 편해지기 시작했다. 천천히 음식을 먹다 보니까 폭식을 하는 일이 거의 없어졌다. 그로부터 약 한 달이 지나자 신기한 일이 일어났다. 아토피가 점점 호전되기 시작하더니 나중에는 아토피가 사라졌다. 기적과 같은 일이었다. 아직 한창 추운 겨울인데, 아토피가 없는 내 다리를 보면서 감격스러웠다.

그 후에 '김미경'의 《무조건 살 빠지는 다이어트》라는 책을 읽으면서 '간헐적 단식'도 병행하게 되었다.

예전에는 삼시 세끼를 다 먹어야 한다고 생각했지만, 책을 통해 오히려 적게 먹고 공복을 유지하는 게 몸에 더 이롭다는 사실을 알게 되었다. 그 후로 본격적으로 '간헐적 단식'을 시작해 아침, 점심을 먹고 오후 3시 이후부터 다음 아침 식사시간까지 공복을 유지했다. 처음에는 하루에 두 끼 식사만 하는 게 어려웠지만, 시간이 지날수록 점점 익숙해졌다.

음식을 먹는 순서도 중요하다고 했다. 혈당을 낮추기 위해서는 탄수화물이 아닌 채소류의 식이섬유를 먼저 먹고, 그다음 고기 같은 단백질, 마지막으로 탄수화물 순으로 먹어야 했다. 이 부분을 읽고 난 이후 먹는 순서를 바꾸어 보니까 포만감이 오래갔다.

또, '마인드풀 이팅(Mindfull Eating)'이라는 식사법이 소개되어 있었는데, 이 식사법을 통해 천천히 음식의 맛을 음미하며 먹는 습관을 들이니까 이전보다 맛을 더욱 깊게 느끼고 즐길 수 있게 되었다. 입대 당시 몸무게가 '74kg'였는데, '66kg'까지 감량할 수 있었다. 몸의 전반적인 상태와 외적인 모습이 전과 비교할 수 없이 좋아졌다.

12. 장갑차를 몰고 가도, 안 될 것 같은 책

　무게 13ton, 최대 12명을 태울 수 있는 크기에 단단한 몸체, 최대 속도 시속 74km로 달리는 이 차는 바로 '장갑차'이다. 장갑차가 움직이기 시작하면, 엄청난 굉음과 함께 어떤 것도 다 뚫고 지나갈 것 같은 모습에 압도될 수밖에 없다. 장갑차는 보병들을 태우고 수송하는 목적으로 만들어졌는데, 차체가 '장갑'으로 덧씌워져 있어 그 안에 탄 보병들이 총알로부터 보호를 받을 수 있다. 다른 기갑 전투 차량보다 가벼운 편이라 속도가 빠를 뿐만 아니라, 제자리에서 '360도'로 방향을 전환할 수 있는 능력도 있다. 무엇보다 '수상조종'이 가능하므로 육지뿐 아니라 강과 바다를 이동할 수 있는 엄청난 차량이다.

　군대에 오기 전까지만 해도 '장갑차'에 대해 들어본 적이 없었다. 훈련소에서 '장갑차 조종수'라는 보직을 받고는, '탱크 비슷한 건가?'라는 막연한 생각이 들었을 뿐이었다. 전라남도 장성에서 후반기 교육을 받을 때 처음으로 장갑차를 보게 되었는데 입이 떡 벌어졌다. 이것만 타면 세계 어디든지 갈 수 있을 것 같았다. 하지만 이 장갑차를 타고도 갈 수 없을 것만 같은 세계가 있었다. '독서의 세계'였다.

훈련소에서 책에 흥미를 갖게 되면서 점점 많은 책을 읽게 되자, '좀 더 어려운 책에 도전해 볼까?' 싶었다. 한번은 전차대대에서 복무하던 중, 책을 좋아하는 선임에게 난이도 있는 책을 한 권 추천해 달라고 했다. 그 선임이 "이 책은 좀 어려울 텐데." 하면서 '프리드리히 니체'의 《차라투스트라는 이렇게 말했다》라는 책을 추천해 줬다. 처음에 별생각 없이 가벼운 마음으로 책을 펼쳐 읽어 내려가기 시작했다. 그런데 책을 읽으면 읽을수록 드는 생각이 있었다.
'이 책은 장갑차를 몰고 가도, 안 되는 책이다.'

이 책을 선택한 것에 대해 후회가 몰려왔다. 한 페이지조차 넘기기가 힘들고, 두 눈은 글자를 보고 있지만 머릿속으로 들어오는 내용은 하나도 없었다. 안 읽히는 책을 끝까지 다 읽을 필요는 없지만, 내 성격 상 한번 시작하면 끝을 봐야 했다. 보통 책들은 2~3일이면 다 읽을 수 있었는데, 이 책은 일주일이 지나도 끝이 나지 않았다. 결국, 비장의 카드를 꺼냈다. '손가락으로 책 읽기'였다. 눈으로만은 도저히 읽을 수가 없었기 때문에, 손가락으로 줄을 따라가며 억지로 읽기 시작했다. 이해가 안 되는 건 마찬가지였다. 책의 마지막 장을 덮고 나자, 이 책을 다 읽었다는 '후련함'과 하나도 이해가 되지 않은 '찝찝함'이 동시에 들었다. 어쩔 수가 없었다.

'이걸 왜 읽는다고 했지.'

이 책은 아쉽게 끝이 났다. 그 후로 다시 여러 책을 읽던 중, 지난번 《차라투스트라는 이렇게 말했다》를 아쉽게 끝낸 것이 마음에 걸려, 난이도 있는 다른 책에 도전해 보고 싶어졌다.

그래서 도전하게 된 책이 '도스토옙스키'의 《죄와 벌》이었다. 이 책의 제목을 여러 번 들어봤지만 실제로 본 적은 없었다. 두 번째 휴가 기간에 내 생일이 있었는데, 동생이 선물로 '어떤 걸 가지고 싶냐'고 해서 《죄와 벌》을 얘기했다. 교보문고에 가서 처음으로 이 책을 봤는데, 무려 800페이지 가까이 되는 분량의 책이었다.

'과연 완독할 수 있을까?'

순간 고민이 됐지만 도전하기로 했다. 휴가를 마치고 부대로 돌아와 격려하면서 이 책을 읽기 시작했는데, 전반적인 내용을 전혀 이해할 수가 없었다.

등장인물이 많을 뿐만 아니라, 매번 러시아 특유의 명칭을 사용해서 '이 사람이 그 사람인지' 읽을 때마다 헷갈렸다. 그래서 매번 읽다 말고 맨 처음 '등장인물 소개' 부분으로 돌아와 사람 이름을 재확인해야 했다.

결국, 이 책도 이해하기를 포기하고 '끝까지만 읽자'라고 결정했다. 다시 나의 필살기 '손가락으로 책 읽기'를 사용했고, 격리 기간 일주일 내내 읽어 겨우 마무리를 지을 수 있었다.

여기에는 이렇게 두 권의 책을 예시로 들었지만, 그동안 어려운 책들을 여러 번 만났다.

그러던 어느 날, 문득 이런 생각이 들었다.

'클라리넷을 연주할 때 점차 실력이 늘어가면서 처음엔 악보조차 읽을 수 없던 곡들이 쉽게 느껴졌지. 마찬가지로 다양한 책들을 접하고 사고력이 자라면 지금 어렵게만 느껴지는 책들을 이해할 수 있는 날이 오겠구나.'

내가 지금 이런 책들을 이해하지 못하고 어려워하는 게 당연했다. 왜냐하면, 나는 아직 책에 대해서 '초보'이기 때문이었다.

마음을 바꾸자 어렵게만 생각했던 책들을 향해 새로운 마음을 가질 수 있었다. 시간이 지나 다시 읽어 보면 새로운 게 보이겠다는 새롭게 느껴지겠다는 기대감이 들었다.

'장갑차를 몰고 가도, 안 될 것 같은 책' 리스트를 만들어 꼭 다시 도전해 보고 싶다.

13. 친구 같은 책

　영국의 한 신문사에서 거액의 상금을 걸고 '영국 끝에 있는 지역에서 런던까지 가장 빨리 가는 방법'에 대한 주제로 공모했다. 많은 참여자가 다양한 방법을 제시했는데, 거기서 한 남자의 아이디어가 모든 사람을 수긍하게 했다.
　"좋은 친구와 함께 가는 것이다."
　그의 말처럼, 아무리 멀고 험한 길을 갈지라도 '좋은 친구'와 함께 한다면, 그 길이 정말 짧게 느껴질 만큼 행복할 것이다.

　'거꾸로 매달아도 국방부 시계는 돌아간다.'
　군 복무기간이 빠르게 지나가길 바라는 장병들의 마음을 대변한 말이라 할 수 있다. 훈련소 입소와 동시에 그동안 사회에서 누렸던 '핸드폰', 'TV', '컴퓨터' 등 많은 것이 제한됐다. 평소에 무료한 시간을 달래 주던 오락거리들이 사라지자 시간을 어떻게 보내야 할지 당황스럽기도 했다.

'어떻게 하면 시간을 재미있게 보낼 수 있을까?'

이 질문은 약 5주간의 훈련소 생활을 하는 동안 훈련병들의 공통적인 고민이었다. 나 역시 입대 초만 해도 빨리 시간이 지나가길 바라는 마음뿐이었다. 하지만 '독서의 맛'을 알게 된 이후의 나는, 앞의 질문에 이렇게 답하고 싶다.

'친구 같은 책과 함께하는 것이다.'

군 생활을 하는 나에게 유난히 친구처럼 느껴졌던 책들이 있다. 그런 책들과 함께하다 보면 어느새 시간이 훌쩍 지나가 있었다. '친구 같은 책' 몇 권을 소개하고 싶다.

* 디스토피아 SF

"과거가 어떻든 앞으로가 어떻든지 간에 이것저것 따져 봤자 골치만 아파져요, 소마 1그램이면 그런 걱정은 다 없어진다니까요."

'올더스 헉슬리'의 《멋진 신세계》 속에 등장하는 '레니나'의 말이다. 누구나 한 번쯤은 감정을 주체하지 못해 괴로움에 시달린 적이 있을 것이다. 나도 어릴 때 욱하는 마음에 화를 참지 못하고 실수하기도 했었다. 그런데 만약 그런 상황에서 알약 하나로 모든 감정을 다스릴 수 있다면 어떨까?

'올더스 헉슬리'가 1930년도에 그려낸 미래 2540년의 '멋진 신세계'에서는 인간이 공장 제품처럼 생산되고, 인간의 모든 행복과 생각, 심지어 죽음까지도 통제된다. 부모, 형제, 친척 등 가족의 개념이 사라짐은 고사하고 '어머니'라는 단어는 음탕함의 상징이 되어 버렸으며, 노화와 질병은 아예 존재하지도 않는다. 어린아이 때부터 '성 놀이'를 통해 자유롭게 성적 쾌락을 맛볼 수 있고, 무분별한 성관계 속에서 아무런 죄책감을 느끼지 못한다. 사람들은 5단계로 나눠진 자신들의 계급 속에서 주어진 일들을 착실히 행하며 살아야 하는데, 엘리트층에 속한 이들은 호화로운 삶을 살지만, 노동자층에 속한 이들은 평생 일을 하며 살아가야 한다.

'멋진 신세계'에 사는 사람들은 '소마'라는 알약을 통해 행복을 얻으려고 하는데, 그 알약의 효능은 엄청났다. 알약 하나로 자신의 모든 감정을 다스릴 수 있기 때문이었다. 그러나 '소마'에 의지를 하게 되면서부터 자신의 진짜 감정이 무엇인지 잃어갔다. 소설 속에 등장하는 '린다'는 '소마' 과다복용으로 결국 죽음을 맞게 된다. 이런 '린다'의 모습은 오늘날 우리의 모습과 비슷한 부분이 있었다. 현대의 많은 사람이 행복을 얻기 위해 소설 속 '소마'와 같은 마약을 하고, 술을 마시고 담배를 피우지만, 점차 그런 것들에 중독되고 과하게 의지하게 되면서 삶이 무너지고 피폐해지는 걸 볼 수 있다.

'멋진 신세계'에서는 인간의 행복을 위해 쾌락이 남용되고 '소마'라는 알약으로 감정을 다스릴 수 있지만, 과연 그것이 행복한 세계이고 삶인지 의문이 든다.
물론 딱 '이렇다'라고 결론지을 수는 없겠지만, '내가 생각하는 진정한 유토피아는 무엇인가?'라는 질문을 던져 보고 앞으로 우리의 미래는 어떻게 흘러갈 것인지 상상의 나래를 펼치다 보면, 이미 밥 먹을 시간이 지나가 있었다.

* 판타지

  한 기업 회장의 딸, '원미호'라는 여성이 제주도에 교사로 오게 된다. 이 여성은 빼어난 미모의 소유자지만 자신밖에 모르는 이기적인 사람이다. 제주도에는 '정염귀'라는 괴수들이 살고 있었는데, '정염귀'는 가임기 여성을 노리며, 한 번 찍힌 여성을 끝까지 좇아가 범한 뒤 잡아먹는 무시무시한 존재다. '원미호'는 눈부신 외모로 인해 '정염귀'의 표적이 되어 위험에 빠지게 된다. 그러던 중 '정염귀'를 사냥하는 '반'을 만나게 되면서, '정염귀'를 한 마리 죽일 때마다 5천만 원을 주는 거래를 시작한다. 그렇게 '원미호'는 '반'을 통해 '정염귀'로부터 목숨을 건지게 되고, 신부 '요한'을 만난다.

  '요한'은 어린 시절 미국으로 입양되어 살다 버림받아 성당에서 자란 인물이다. 자신의 친부모를 찾기 위해 한국에 왔다가 '원미호'를 만난 '요한'은, 따뜻한 마음과 이해심으로 그녀를 지켜 준다.

  마음에 들지 않으면 누구에게든지 폭력을 행사하는 괴팍한 성격의 소유자이자 정염귀 사냥꾼인 '반'. 그런 그가 매번 위험한 순간에 나타나 '원미호'를 구해 주는 상남자다운 모습을 보일 때면 그렇게 멋있어 보였다. '차도남(차가운 도시 남자)'이라는 단어가 딱 어울릴 법한 인물이었다.

  마지막에 화산이 폭발하면서 학생들이 위험에 빠지게 되는데, 자기중심적이었던 '원미호'가 학생들을 위해 자신을 희생하는 모습이 감동적이었다. 역시 사람은 약간의 반전매력이 있어야 하는 건가? 싶기도 했다.

후반기 교육 때 TV도 볼 수 있고, 그린비로 전화도 사용할 수 있었기 때문에 책 생각이 잘 나지 않았음에도 불구하고 재미있게 읽은 책, '윤인완'의 《아일랜드: 1》이었다. 훈련소와 같이 다른 오락거리가 없을 때 이 책을 읽는다면 킬링타임용으로 딱 좋겠다는 생각이 들었다.

이 책은 총 3권으로 이루어져 있고 만화책으로도 있는데, 기회가 된다면 나머지 2, 3권과 만화책도 읽어 보고 싶다.

* **추리 & 판타지**

'히가시노 게이고'의 《나미야 잡화점의 기적》도 부담 없이 빠르게 읽을 수 있는 책이다.

이 책은 한밤중에 몸을 숨길 곳을 찾다가 우연히 '나미야 잡화점'으로 들어오게 된, '강도 3인방'의 어이없는 상황으로 이야기가 시작된다. 강도 3인방은 나미야 잡화점이 시공간을 넘나드는 장소임을 알게 되고, 여러 사람과 편지를 주고받는다. 그러다가 결국, 편지를 쓰던 일을 통해 마음을 돌이키고 자백하기로 한다. 이 책이 흥미로웠던 이유 중 하나는, 시공간을 넘나드는 이야기 전개 방식이었다. 보통 이런 식으로 시공간을 넘나들면 내용을 이해하기가 어려울 법도 한데, 전혀 그렇지 않고 오히려 묘한 느낌이 들었다. 저자의 표현력과 저술 방식이 놀라웠다. 또한, 강도들의 심경 변화를 통해, 인간의 본성에는 다른 사람을 돕고자 하는 마음이 있다는 걸 볼 수 있었다. 강도 3인방 역시 다른 사람들을 돕는 일이 삶의 진정한 행복임을 깨달은 게 아닐까.

이틀 만에 이 책을 다 읽을 수 있었다. 같은 작가 '히가시노 게이고'의 《가면 산장 살인사건》과는 다른 장르의 책이었지만, 이야기 하나하나가 아름답고 감동의 여운이 남았다.

군대에 오기 전까지만 해도 책을 통해 이런 재미를 느끼게 될 것이라곤 생각하지 못했었는데, 게임이나 드라마 또는 영화와는 다른 신기한 세계를 맛볼 수 있었다. 무엇보다 나의 상상력을 동원해 재미를 느낄 수 있는 점이 인상 깊었다. 재미있는 책을 읽는 동안은 잠시나마 현실을 잊고 소중한 친구와 함께 여행을 떠나는 것 같았다.

**빨리 군 생활이 지나가길 바라던 내게 '책'은,
소중한 '친구'가 되어 주었다.**

14. 마음을 담은 연주

'크고 두꺼운 나무 막대기'
약 반년 만에 손에 든 클라리넷의 느낌이 딱 이러했다.

지난번 '잔반 처리 비용 대책 방안'일로 대대장님을 찾아뵙고 난 이후, 부대원들을 위한 콘서트를 준비하게 되었다. 대대장님께서 악기를 부대로 가져와 연습할 수 있도록 배려해 주신 덕분에, 일과 후 개인 정비 시간에 연습할 수 있었다. 오랜만에 악기를 불어 보니 마치 내 악기가 아닌 나무 막대기를 잡는 것처럼, 너무나도 어색하게 느껴졌다. 클라리넷을 연주하기 위해서는 입술 근육이 필요한데, 오랜만에 불자 입술 양 옆이 떨리면서 바람이 새기도 했다. 악기를 처음부터 다시 배우는 기분이었다.

시간이 날 때마다 틈틈이 연습하자 어느 정도 감각이 돌아오기 시작했다. 개인 정비 시간에 연습하고 있으면 전차 대대에서 악기 연주 소리가 들리는 게 신기했는지, 한 번씩 간부님 또는 부대 용사들이 와서 듣곤 했다. 나도 내가 이곳에서 악기를 연습하게 될 거라고는 생각도 못 했었는데, 조금씩이지만 연습할 수 있다는 사실이 감사했다.

나는 클래식 음악 전공자이지만 용사들에게 익숙한 곡을 연주하기 위해 '대중가요'를 선택했다. 총 3곡을 준비했는데, 우리 중대에 기타를 칠 수 있는 선임이 한 명 있어서 기타 반주를 부탁했다. 우리 중대에 기타를 칠 수 있는 선임이 한 명 있어서 기타 반주를 부탁했고, 함께 총 3곡을 준비했다.
클라리넷 전공을 시작하게 되면서부터 콘서트를 준비할 때면 나를 강하게 사로잡는 생각 있었다.
'무대에서 삑사리(음 이탈)를 내면 안 돼.', '악보를 까먹으면 안 돼.'
아무래도 악기 전공자가 관객들에게 실수하는 모습을 보이는 건 부끄러운 일이라 생각했기에, 완벽한 모습으로 무대에 서야 한다는 압박감이 항상 있었다. 그런 압박감이 때로는 연주에 부정적 영향을 미치기도 했다. 오랜만에 무대에 선다고 생각하자, 그 압박감이 다시 마음 한 귀퉁이에서 차오르는 것 같은 느낌이 들었다.

그러던 어느 날, 《유시민의 글쓰기 특강》이라는 책을 읽으면서, '좋은 글'과 '나쁜 글'에 대해 생각을 해 보게 되었다.

무조건 화려하고 어려운 문장을 사용한다고 해서 좋은 글이 아니었다.

'좋은 글'은 독자를 배려하고, 저자의 진심을 담아내는 글이었다.

음악도 마찬가지였다. 겉으로 화려하고 멋진 음악이 전부가 아니었다.

'좋은 연주'는 음악 속에 청중을 배려하고 연주자의 마음을 담아내는 것이란 생각이 들었다.

책을 읽으며 그동안 내가 어떻게 음악을 해 왔는지 되돌아보았는데 나는 음악을 통해 작곡가의 마음을 표현하려고 하기보다, 내가 틀리지 않고 완벽한 모습이 되려고 하는 데만 초점을 맞추고 있었다는 사실을 알 수 있었다. 내가 해 왔던 연주는 '좋은 연주'가 아님을 인정하게 되었다.

'외적인 요인'을 중시했던 마음에서 벗어나 '내적인 요인'을 고민하면서, 곧 있을 콘서트 때 관객들에게 무엇을 전달할지 생각해 보게 되었다.

콘서트 당일이 되었다. 오랜만에 하는 공연이라 그런지 심장이 더욱 쿵쾅거렸다. 하지만 부담스러운 마음 이전에, 이번 콘서트를 두고 내 마음에 세운 한 가지 확실한 목표가 있었다.

'마음을 담아 연주하는 것'

연주하는 동안 내가 전달하고자 하는 메시지를 떠올리고 또 그것을 표현하기 위해 집중했다.

신기한 것은 음악 안에 마음을 담고 메시지를 생각하다 보니, 불안한 생각이 사라지고 오히려 나 자신이 음악에 깊이 빠지는 기분이 들었다. 한 번씩 관객들을 보는데 모두가 숨을 죽이고 집중해서 연주를 듣고 있었다.

연주를 마치자 환호와 박수 소리가 들려왔다. 행복했다. 인상 깊은 공연이었다.

그날 연주 이후로 식당에 밥을 먹으러 가면, 사람들이 '저번에 연주 잘 들었다.'라며 많은 관심을 주셨다.

이번 일을 통해 오랫동안 가지고 있던 '실수하면 안 돼, 완벽한 모습을 보여줘야 해.'라는 생각이 오히려 나를 자유롭지 못하게 했다는 걸 발견했다. '이것은 연주뿐만이 아니라, 글을 쓰는 일에서도, 사람을 대하는 일에서도 다 마찬가지겠다'라는 생각을 하게 되었다.

이제는 어떤 일을 하던 '잘 하려는 태도'보다
'마음을 담는 습관'을 길러 봐야겠다.

4

상병

15. 보직 변경

어느 날, 대대장님으로부터 연락을 받게 되었다.
"다음 주 중에 군악대 면접 볼 준비해라. 악기도 연주해야 할 거야."
순간 이게 꿈인가 싶었다.

'군악대 면접?'

그토록 바라고 원했던 '군악대' 면접이었다. 놀람도 잠시, 마음속에 여러 가지 갈등이 올라왔다.
'지금 군 생활을 절반 가까이 했는데, 또다시 새로운 환경에 적응해야 하나?'
'막상 군악대로 갔는데, 사람들이 나를 안 좋게 생각하면 어떡하지?'

그러던 와중에, '내가 군악대에 가야 하는 가장 중요한 이유가 무엇일까?' 하고 질문을 던져 보게 되었고, 이렇게 답을 하게 되었다.

**'군악대에 가게 된다면,
이것 또한 책을 쓰기 위한 하나의 소재가 될 수 있겠다.'**

왜냐하면, 특별한 경우가 아니고서는 나처럼 군 생활을 절반 정도 한 상태에서 보직을 바꾸게 되는 일이 드물었기 때문이다. 군악대로 간다면 이건 '특별한 일'이 될 것 같았다. 면접을 보기로 마음을 정하게 되었다.

그다음 주 월요일에 사단 군악대에서 면접을 보게 되었다. 그 건물이 바로, 5개월 전 내가 보충 중대 있을 때 사단장님의 강연을 들으러 방문했던 건물이었다. 도착하니 보충 중대 용사들이 줄을 맞춰 걷고 있는 모습이 보였다. 그 모습을 보는데, 보충 중대에 머물렀던 기억들이 머릿속을 스쳐 가면서 감회가 새로웠다.

군악대장님 앞에서 연주했는데, 짧게 들으시고 질문을 하셨다.
"왜 이제서야 군악대 지원을 하게 되었니?"
"군악대에 지원하고 싶었지만, 징집으로 입대하게 되면서 상황이 여의치 않았고 훈련소에서 '장갑차 조종수'라는 보직을 받게 되었습니다. 처음에는 부정적인 마음이 컸지만 '독서'를 통해 마음을 바꾸게 되어 새로운 마음으로 군 생활을 할 수 있었습니다. 이후 생각지도 못하게 대대장님의 권유로 이렇게 군악대 면접을 보게 되었습니다."

당시 군악대 상황은, 내 전공 악기인 '클라리넷'을 할 수 있을지 없을지 확실하지 않은 상황이었다. 나는 면접을 보면서 이렇게 말씀을 드렸다.

"저를 안 뽑아 주셔도 괜찮습니다. 하지만 제가 군악대에 지원하게 된 이유는 저에게 '꿈'이 있기 때문입니다. 저는 제 이야기를 '책'으로 쓰고 싶습니다. 제가 군악대에 오게 된다면, 이 또한 책의 '소재'가 되겠다는 마음이 들었습니다."

군악대장님은 최대한 빠른 시일 내로 합격 여부를 알려 주겠다고 하셨고, 그렇게 면접이 끝났다.

일주일이 지나도록 아무 소식이 없었다. 하지만 내 마음에 미련은 없었다. 면접을 봤다는 자체가 감사했기 때문이다. 약 2주가 지나고 나서야 연락을 받게 되었다.

"동원아, 군악대 붙었다. 월요일에 군악대로 가게 될 거야."

그 소식을 듣는데 가슴 속에서 터져 나오는 기쁨을 주체할 수 없었다.

기적이었다.

한 주가 지나고 월요일이 되어 의류대에 모든 짐을 싸서 전차 대대를 나오는데, 만감이 교차했다. 그날이 사격하는 날이라 아쉽게도 용사들이 아침 일찍부터 사격장으로 떠나서 인사를 짧게 할 수밖에 없었다. 내가 있던 소대의 지휘반장님께서 장갑을 선물로 챙겨 주시는데 가슴이 뭉클했다. 전차 대대에 고마운 인연들이 많았다.

그날부터 군악대에서 새로운 생활을 시작하게 되었다. 다행히도 걱정했던 것과 달리 군악대 선 후임들이 클라리넷 전공자가 왔다며 나를 반겨 주었다. 그날 밤, 새로운 곳에 와서 침대에 누우니 모든 것이 꿈만 같았다.

'앞으로 또 어떤 기적이 일어날까?'

설레는 밤이었다.

16. 특급전사

'뚜두둑!'
 발목에서 소리가 나는데 온몸이 찌릿했다. 뭔가 심상치 않은 느낌이었다. 바로 바닥에 주저앉았고, 축구화를 벗었다.
 "동원아! 왜 그래, 다쳤어?"
 사람들이 내 주위로 몰려왔다. 마음 같아선 계속 경기를 뛸 수 있을 것 같은데, 발목이 더는 경기를 할 수 없을 만큼 아팠다. 부축을 받아 생활관으로 돌아왔다. 발목이 점점 부어오르는데, 그날은 일요일이라서 당장 할 수 있는 게 없었다. 다음 날, 바로 군 병원에 갔다. 군의관님께서 인대가 다쳐 약 한 달 정도는 깁스하고 목발을 짚고 다녀야 한다고 하셨다.
 자대로 온 지 얼마 안 돼 다치는 바람에 한동안 정상적인 생활을 할 수 없었다. 갓 전입 한 '일병'이 이런 모습으로 지내는 게 괜히 눈치가 보였다. 먼저 나서서 뭐라도 해야 할 것 같은데, 오히려 내가 다른 사람들의 도움을 받아야 했다. 내 맞선임이 매번 밥 먹을 때나 생활하는 여러 면에 나를 챙겨 주었다. 인상을 찌푸릴 법도 한데 나를 온 마음으로 챙겨 주는 모습이 고마웠다. 덕분에 한 달 정도가 지나 깁스를 풀고 조금씩 걸어 다닐 수 있었다.

그리고 얼마 지나지 않아서, 곧 있으면 '장병 기본훈련 평가'를 한다는 소식이 들려왔다. 그 평가가 바로 '특급전사'를 딸 수 있는 기회였다. 갑자기 마음이 무거워졌다. 군 생활을 하는 동안 꼭 이루고 싶은 목표 중 하나가 바로 '특급전사'였기 때문이다. 훈련소에서부터 자대로 가면 꼭 '특급전사'를 따야겠다고 생각했었고, 전차 대대로 전입한 후 몇몇 선임들이 부대 마크 위에 타원형 모양의 '특급전사' 마크를 붙이고 다니는 모습이 그렇게 멋져 보였다.

훈련소에 있을 때 '사격'과 '체력측정'에서 다 특급을 받았었기 때문에 자대로 가면 '특급전사'를 금방 딸 수 있을 것만 같았다. 그런데 이제 와 내 다리를 보자 도저히 엄두가 안 났다. '장병 기본훈련 평가'까지는 약 한 달 정도가 남은 상황이었다.

처음에는 포기하고 싶은 마음이 컸다. 하지만 어차피 재활도 할 겸, 걷는 연습이라도 해 보자고 마음을 먹었다. 그때부터 매일매일 조금씩 걷는 연습을 했다. 일주일 정도 지나자 가

녑게 뛸 수 있게 되어, 달리기를 시도하면서 강도를 늘려갔다.

시간이 지나 '장병 기본훈련 평가' 기간이 되었다.

'화생방, 구급법, 정신전력, 경계' 부분에서 다 특급을 받을 수 있었다. 이제 남은 것은 '사격'과 '체력'이었다.

그날 체력 시험을 보는데 '팔 굽혀 펴기'는 특급이었지만, '윗몸 일으키기'와 '3km 뜀걸음'에서는 특급을 받지 못했다. 확실히 발목을 다치면서 운동을 쉬었던 영향이 컸다.

'뜀걸음' 특급 기준이 '12분 30초'인데, '13분 50초'가 나오면서 특급 기준에서 한참 벗어났다. 생각보다 만만치 않았고, 다리가 완전히 회복되려면 시간이 더 필요했다. 그런데 2주 정도 후에 '체력 재평가'를 한다는 소식을 듣게 되었다. '윗몸 일으키기'는 어떻게 해 보겠는데, 문제는 '뜀걸음'이었다. 그래도 2주 정도면 다시 시도해 볼 만했다.

고민하던 중, 한 간부님이 생각났다. 매번 달리기 연습을 할 때면 어떤 간부님 한 분이 연병장을 엄청난 속도로 지치지 않고 달리고 계셨다. 그 간부님께 '달리기 코치'를 받고 싶어, 바로 찾아가서 부탁을 드렸다.

"충성! 제가 특급전사를 희망하는데 달리기를 좀 배우고 싶습니다."

간부님은 살짝 당황하셨지만, 곧이어 이렇게 말씀하셨다.

"그래, 특급전사를 따겠다고. 알았다."

바로 다음 날부터 '달리기 코치'가 시작되었다. 나는 이전에 단 한 번도 '달리기 코치'를 받거나 달리기에 관한 영상을 찾아본 적이 없었다. 달리기는 그냥 열심히 뛰면 된다고 생각했는데, 그것은 완전히 틀린 생각이었다.

달리기 할 때는 '자세, 발 딛는 방법, 힘 빼는 것' 등 생각해야 할 점이 많았다. 이런 것들을 배우고 보니 그동안 내가 얼마나 잘못된 방법으로 달리기를 했는지 알게 되었다. 물론 모든 것을 하루아침에 바꿀 수는 없었지만, 매일같이 그 간부님께 코치를 받으면서 달리는 자세가 점점 좋아지기 시작했다.

어느 날, '제임스 네스터'의 《호흡의 기술》이라는 책을 통해 놀라운 사실을 알게 되었다.

저자는 현대인들의 잘못된 습관 중 하나가 '입 호흡'이라고 했다. 우리가 무의식중에 입으로 호흡을 하게 되면서 안면구조의 변화가 일어나고 수면 중 여러 가지 문제가 발생한다는 내용이었다.

그러고 보니, 나도 평상시에 나도 모르게 입을 벌린 채 코가 아닌 입으로 숨을 쉴 때가 많았다. 달리기 연습을 할 때도 마찬가지였다. 책을 통해 '코'로 호흡하는 것이 신체에 긍정적인 영향을 준다는 사실을 배우게 되면서, 의식적으로 '코 호흡'을 사용하기 시작했다.

놀랍게도 '코 호흡'을 하게 되면서 몸과 마음이 더 차분해지는 것을 느낄 수 있었고, 오랜 시간을 달려도 이전보다 훨씬 힘들이지 않고 달릴 수 있었다.

또, '대니얼 코일'의 《탤런트 코드》라는 책을 통해 '심층 연습 방법'을 배우게 되었다.

'심층 연습'은 부족한 부분을 집중적으로 연습해 그것을 개선하는 방법이었다.

예를 들어, 악기 연습을 할 때도 어떤 곡을 처음부터 끝까지 다 부는 게 아니라, 가장 부족한 부분을 표시해 그 부분을 따로 집중적으로 연습하면 훨씬 효과적인 연습을 할 수 있다.

달리기도 마찬가지였다. 무작정 열심히 뛴다고 해서 실력이 느는 것이 아니라, 내가 무엇이 부족한지, 어떤 방법으로 체력을 기를지 생각해야 했다.

계산해 보니까, 전차 대대 연병장 '7바퀴'를 좀 더 돌면 약 3km가 나왔다. 3km를 '12분 30초'안에 뛰려면 적어도 10km(약 20바퀴)를 뛸 수 있는 체력이 필요했다. 나는 7바퀴만 뛰어도 숨이 차기 때문에 한 번에 10km를 뛸 수는 없었다. 그날부터 하루에 1바퀴씩 늘려가면서 연습했다.

놀랍게도 시간이 지나자 10바퀴를 뛰게 되고, 15바퀴를 뛰게 되고, 나중에는 20바퀴까지 뛸 수 있는 체력이 갖춰졌다. 처음부터 20바퀴를 뛰었다면 포기하고 말았을 텐데, 조금씩 바퀴 수를 늘리다 보니 꾸준히 체력을 키워갈 수 있었다.

이렇게 두 권의 책들을 통해 달리기 실력을 점점 상승시킬 수 있었고, 다음 체력평가에서는 '12분 14초'의 기록을 달성할 수 있었다. 이제 '사격'만 하면 되는 상황이었는데, 변수가 생겼다. 사격을 이틀 앞두고 군악대 면접 결과가 나온 것이다. 군악대로 가게 된 일은 기뻤지만, 이번에도 '사격'을 할 수 없게 되었다.

군악대로 이동하던 날, 아침부터 여러 감정이 교차했는데, '특급전사'를 따지 못하게 된 것이 못내 섭섭했다. 다행히 군악대로 전입하고 약 두 달 후 사격을 하게 되어, '20발 중 19발'을 맞추면서 '특급전사'를 딸 수 있었다. 입대한 지 약 11개월 만에 이룬 목표였다.

어떤 목표를 이룬다는 것은 생각만큼 쉬운 일이 아니었다. 매 순간 육체적으로나 정신적으로 포기하고 싶은 순간들이 찾아왔다. 하지만 '특급전사'에 도전하며, '포기만 하지 않는다면 어떤 일이든 이루어낼 수 있다'라는 자신감을 얻게 되었다.

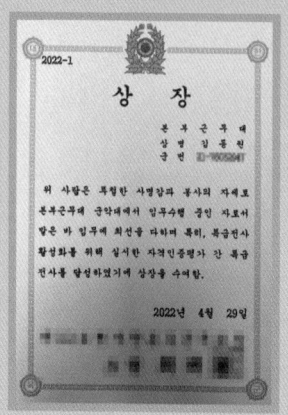

17. 《3분만 보면 눈이 좋아진다》

　어린 시절부터 내 오른쪽 눈과 왼쪽 눈은 시력 차이가 많이 났다. 10살 무렵부터는 시력이 점점 더 나빠지기 시작해서 병원에서 검사해 보니, 안경을 써야 한다고 했다. 나는 안경이 싫었다. 안경을 쓰면 눈이 작아지고 얼굴이 더 못생겨 보이기 때문이었다. 쑥스러움이 많았던 성격이라, 친구들의 시선이 많이 의식되었다. 한번은 안경을 쓰고 교실에 들어갔는데, 반 친구들이 내가 안경을 썼다며 장난을 치고 관심을 보였다. 나는 그런 분위기가 싫었고, 괜히 부끄러운 마음에 바로 안경을 벗어 안경집에 넣었다.
　그 이후 안경을 거의 쓰지 않고 초등학교 시절을 보냈다. 중학생이 되자 맨 앞에 앉지 않으면 칠판의 글씨가 하나도 보이지 않았다. 내가 안경을 잘 안 쓰고 다닌다는 사실을 알게 되신 부모님께서 나무라셨다. 다시 병원에 가서 검사해 보니,

이전보다 시력이 더 안 좋아진 상태였다. 만약 안경만 잘 썼더라면 괜찮았을 텐데, 부끄럽다는 이유로 안경을 벗고 다닌 게 원인이었다.

의사 선생님께서는 어릴 때 보는 시각적 이미지가 뇌에 인식이 되는데, 내 머릿속에는 이미 흐릿한 이미지가 각인되어 안경 도수를 올려도 좋은 시력을 얻기 어려울 거라고 말씀하셨다. 지금이라도 안경을 꾸준히 써야 한다고 하셔서 새로 맞추게 되었다.

도수를 훨씬 더 올리자 안경알이 두꺼워지고 무거워졌다. 새로운 안경을 쓰고 거울을 보는데, 전보다 눈이 더 작아 보였다. 안 그래도 눈이 작은 편인데 거울 속에 비친 내 눈은 연필로 쭉 그은 모습 같았다.

중학생 때부터는 부끄러워도 어쩔 수 없이 안경을 꾸준히 쓰기 시작했다. 초등학교 시절의 행동이 후회됐지만 이미 엎질러진 물이었다.

성인이 된 후에 잊지 못할 해프닝도 있었다.

솔로 콘서트 때 약 6분 정도 되는 곡을 연주했는데, 그날따라 유난히 무대가 더웠다. 턱시도 안에서 땀이 비 오듯이 흘렀다. 땀만 나면 괜찮은데, 쓰고 있던 안경이 땀 때문에 점점 미끄러지기 시작했다.

나는 연주하는 중이라 안경을 고쳐 쓸 수가 없었다. 그렇게 연주는 진행되었고, 안경은 점점 더 밑으로 내려갔다. 연주를 마칠 때 즈음, 안경이 코 밑으로 내려가 악기를 물고 있는 입술 아래에 걸쳐졌다. 마치 클라리넷이 안경을 쓴 것과 같은 모습이었다. 클라리넷이 안경을 쓰게 되자, 진지한 곡을 연주하고 있는 상황은 배꼽을 잡고 뒤로 넘어갈 정도로 웃긴 상황으로 바뀌었다.

처음부터 끝까지 내 안경의 위치가 점점 바뀌는 모습을 보던 관객들은 결국, 안경이 클라리넷에 걸쳐지는 장면에서 웃음이 터지고 말았다.

이날의 사건은 나에게 큰 충격이 되었다. 악기 연주를 위해서라도 이제는 안경을 벗고 싶었다.

다시 돌이킬 수 없을 것만 같았던 나의 시력.

그러던 중 우연히 '시력교정수술'에 대한 이야기를 듣게 되었다. 아빠도 시력이 안 좋으셨는데 수술을 받으니 안경을 쓰지 않아도 될 정도로 좋아지셨다. 평생 안경을 써야 한다는 생각에 절망하고 있던 내게 그 소식은 한 줄기의 빛과 같았다.

나도 24살 때 수술을 받게 되었다. 약 일주일 동안은 눈에 약물을 넣으면서 푹 쉬었고, 그 후 병원에 가서 최종 검사를 마친 후로는 정상적인 생활을 할 수 있게 되었다.

병원 문을 열고 나와 세상을 바라보는데 깜짝 놀랐다. 이 세상이 너무나도 선명하게 보였다. 안경을 쓸 때 보다 더 선명하게 보이는데, 마치 새로 태어난 듯한 기분이 들었다. 갑자기 눈에서 눈물이 떨어졌다. 이렇게 편하게 세상을 바라볼 수 있다는 사실에 감사했다. 그때부터는 좋은 시력을 소중히 여기며, 눈에 안 좋은 습관은 되도록 피하며 지내게 되었다.

독서를 시작하면서 아무래도 평소보다 눈을 사용하는 일이 많아졌다. 오랜 시간 동안 책을 보고 나면, 눈이 피로해지고 무거운 느낌이 들기 시작했다. 약 100권 정도 읽은 시점이 되었을 때는, 눈이 피곤해서 책을 읽기가 힘들다는 생각이 들었다. 그 무렵 우연히 눈을 관리하는 책을 발견하게 되었다.

'히라마쓰 루이'의 《3분만 보면 눈이 좋아진다》라는 책이었다. 이 책에서는 눈을 관리하는 여러 가지 방법에 대해 이야기하고 있었는데, 가장 중심이 되는 내용은 '가보르 아이'였다.

'가보르 아이'는 캘리포니아 대학교를 비롯한 세계 톱클래스의 연구기관에서 실험을 통해 그 효과가 증명되었고 학계에 보고되었다고 한다. 캘리포니아 대학교에서 학생 16명과 65세 이상 고령자 16명을 모아 총 32명을 대상으로 일주일 동안 실험을 진행했는데, 그 결과 대학생들은 물론이고 65세 이상의 고령자들 모두 시력이 크게 향상되었다. 이후 2017년 《뉴욕타임스》에서 '뇌를 단련하면 노안도, 근시도 시력이 향상된다.'라는 기사가 소개되어 미국에서 화제가 되기도 했다.

가보르 패치는 데니스 가보르(Dennis Gabor)박사가 고안한 패치이며, 홀로그래피를 발명해 1971년에 노벨 물리학상을 받았다. '가보르 아이'란 '줄무늬 패치'를 말하는데, 이 줄무늬 모양의 그림을 쳐다보면 자연스럽게 '뿌연 그림을 보정하는 힘'을 단련시켜 주는 방법이었다. 스포츠 선수나 파일럿들도 실천하고 있다고 이 책은 전하고 있었다.

책에서는 시력에 대한 원리를 두 가지로 설명하는데, 하나는 '안구', 또 하나는 '뇌'이다.
시력은 우리가 '안구'를 통해 물체를 받아들이고, '뇌'가 그것을 처리해서 인식하는 원리로 이루어진다. '가보르 아이'를 통해 뇌의 영역을 훈련하다 보면 시력 회복에 도움이 되고, 이외에도 다양한 부분에 긍정적인 효과가 있다고 설명하는데 대표적인 예가 '치매'이다.

치매는 뇌의 기능이 저하되면서 생기는 병인데, '가보르 아이'를 통해 뇌를 자극함으로써 치매를 예방할 수 있고 집중력 향상과 건망증 예방에도 도움이 된다고 했다.

이 책은 얇고 가벼워 어디든지 들고 다닐 수 있었다. 심지어 군복 주머니에도 쏙 들어갔다. 책을 항상 들고 다니며 하루에 3번씩 5분 정도 '가보르 아이 훈련'을 했다. 훈련 방법은 전혀 어렵지 않고, 그냥 종이 위에 그려진 줄무늬 그림과 같은 그림을 찾는 방식이었다. 화장실에 갈 때 이 책을 들고 가면 유용했다.

신기한 것은, 이 훈련을 하고 나서 앞을 보면 사물이 훨씬 더 선명하게 보였다. 약 한 달 정도를 꾸준히 하자 예전에 책을 보고 나면 눈이 피로해지는 느낌이 사라졌고, 책을 통해 눈이 회복되고 관리될 수 있다는 게 신기해서 부모님과 지인에게 한 권씩 선물하기도 했다.

이 책을 만난 건 특별했다.

'책을 읽으며 시력이 다시 나빠지면 어떡하지?'하는 걱정을 한시름 내려놓게 되었기 때문이다.

18. 글쓰기 비법을 접하다

어느 날, 책을 읽다가 문득 이런 생각이 들었다.
'나도 한번 책을 써 볼까?'
이전까지 글 쓰는 법을 배운 적이 없었고, 책은 대단한 사람들이 쓰는 거라고만 생각했었다. 하지만 시간이 지날수록 '책을 써 보고 싶다'라는 마음이 계속 커졌다.
'보통 사람들이라면 군 생활을 하는 동안 책을 쓰려고 생각할까?'
이건 굉장히 드문 일인 것 같았다. 그래서 내가 한번 도전해 보기로 결정했다.
그날부터 사람들을 만날 때마다, '전역 전까지 꼭 책을 쓰겠다'고 이야기하기 시작했다. 수첩에는 '군 생활 동안 책 쓰기'라는 버킷리스트를 적었다. 이렇게 나의 꿈을 전하고 다니기는 하는데, 막상 책을 써 보려 하니, 어디서부터 어떻게 시작을 해야 할지 감이 잡히질 않았다. 글을 쓰는 방법과 관련된 책을 찾아보기 시작했다.

처음으로 접한 글쓰기 책은 《하버드 글쓰기 강의》였는데, 여기에는 '프리 라이팅을 위한 지침'이라는 글이 나온다. 요령은 크게 두 가지다.

- 무슨 일이 있어도 적어도 10분 동안은 계속 펜을 놀려라. 시계를 보지 말고 대신 자명종이나 스톱워치를 활용하라.
- 멈추고 싶은 생각이 들더라도 이 욕구에 따르면 안 된다. 말하고 싶은 것이 생각날 때까지 똑같은 것을 반복하더라도 끝까지 멈추지 말고 펜을 놀려라. 쓰는 도중에 다른 표현이 생각나도 먼저 쓴 것에 줄을 긋거나 편집하지 마라.

반신반의하면서 시작했는데, 놀라운 일이 일어났다. 처음에는 '내가 지금 왜 이러고 있는지 모르겠다, 오늘 날씨는 어떻고, 나는 배가 고프고' 등등 이런 잡다한 말을 적었는데, 나중에는 어떤 주제를 설정해 놓고 적어 보면서 글의 완성도가 점점 높아지는 걸 느낄 수 있었다. 어떤 작은 이야기로부터 시작되어 거기에 꼬리에 꼬리를 물고 아이디어가 발전되었다.

나는 군 생활을 하는 동안 항상 두 개의 노트를 가지고 다녔는데 하나는 '일정, 버킷리스트, 독서 노트용'이고, 또 다른 하나는 바로 '프리 라이팅(Free Writing)'을 위한 노트였다.

한 번씩 짬이 날 때마다, 손목시계로 '10분 스톱워치'를 설정해 놓고 글 쓰는 연습을 했다.

다음 책은 《유시민의 글쓰기 특강》이었다. '독자를 배려하는 글쓰기'에 대해 익힐 수 있는 내용이 많았다. 책을 읽을 때 어떤 책은 쉽게 와닿는가 하면, 어떤 책은 아무리 읽어도 이해가 가지 않았다. 《유시민의 글쓰기 특강》을 읽으면서 타인과 교감하는 글의 매력에 대해 알게 되었다. 허영심에 빠져 나를 자랑하는 글이 아니라 소통하는 글을 쓰고 싶다고 생각했다.

생각해 보면 나도 말을 하거나 글을 쓸 때, 내 속에 심취해서 어렵고 복잡한 단어를 사용했던 적이 많았다. 《유시민의 글쓰기 특강》은 그러한 부분에 큰 가르침을 주었고, 우리 말을 사용하는 부분, 문장을 간략히 하는 부분 등 다양한 것들을 알려 주었다.

《작가의 문장 수업》이라는 책도 도움이 되었다. '문장의 리듬'을 만드는 법은 이 책을 통해서 배웠다. 예전에는 무조건 문장이 길어야 좋다고 생각했다. 하지만 책을 읽는 독자는 긴 문장을 한숨에 다 읽기 어렵고 금방 지루함을 느끼기 때문에, 문장을 나눠 줄 필요가 있었다. 오히려 문장을 간결하게 사용하면 읽기도 편하고 리듬감을 높일 수 있었다. 만약 긴 문장을 사용하게 된다면 '구두점'을 사용하여 문장을 나눠 주면 됐다. '구두점'을 넣는 장소는 문장을 소리 내 읽어 보면 쉽게 알 수 있다는 조언도 책에 실려 있었다. 또한, 중요 단어나 강조하고 싶은 단어는 '따옴표'를 사용해 구분시킬 수 있었다. 이렇게 중요 단어를 구분 지어 주면 독자는 글쓴이의 의도를 보다 쉽게 파악할 수 있었다.

마지막으로 《처음부터 잘 쓰는 사람은 없습니다》라는 책을 통해 글을 퇴고하는 부분에 많이 배울 수 있었다.

책을 쓰는 과정 중 힘든 일을 하나 꼽자면 '퇴고 작업'이다. 내가 쓴 글을 고치고 또 고치고 하다 보면, 도대체 어떤 표현이 좋은 표현인지 헷갈릴 때가 있다. 이런 나에게 《처음부터 잘 쓰는 사람은 없습니다》라는 책은 여러 가지 기준을 세워 주고 퇴고 작업의 중심을 잡아 주었다.

무엇보다 내가 무의식적으로 사용하는 안 좋은 습관이 많음을 발견할 수 있었고, 책의 조언을 통해 많은 부분을 개선할 수 있었다.

나는 글을 쓸 때 '너무', '참', '엄청', '특히', '진짜', '사실', '정말' 등 이런 과장된 표현들을 남용하고 있었다. 강조하는 표현 자체가 나쁘진 않지만, 이런 표현들을 과하게 사용할 경우 오히려 그 효과를 얻을 수 없었다.

또한 '~하는 것'에 대한 표현인데, 내 글을 보면 '~하는 것'

을 유난히 많이 쓰고 있음을 볼 수 있었다. 또한 '~하는 것'에 대한 표현인데, 내 글을 보면 '~하는 것'을 유난히 많이 쓰고 있었다. 대표적인 예를 들자면,
- '독서의 맛'을 알게 된 것입니다. (수정 전)
- '독서의 맛'을 알게 되었습니다. (수정 후)

이런 식의 문장이 있다.

'것입니다'가 아닌 '되었다'라고 수정하니까 더 자연스러웠다. 내 원고를 보면 '~하는 것'만 찾아봐도 수없이 많은 부분을 고쳐야 했다.

마지막으로, '남의 시선으로 읽기'라는 대목을 통해, 내 안에서 벗어나 다른 사람의 시선으로 내 글을 읽는 일이 얼마나 중요한 작업인지 배울 수 있었다. 저자는 믿을 수 있는 편집자를 만나는 것은 '하늘의 별 따기'라고 말했다. 그만큼 자신의 글을 성심성의껏 봐 줄 수 있는 사람을 구하는 게 어렵다는 말이다.

"누군가에게 보일 정도로 완성된 글인가의 여부를 스스로 판단하는 것이 작가에게 필요한 첫 번째 능력이다." (p.168)

생각해 보니, 음악도 마찬가지였다. 선생님께서 나의 부족한 부분을 지적하시기 이전에 스스로 나의 소리를 듣고 구분할 수 있는 능력이 있다면, 계속해서 발전할 수 있었다. 다시

말해, 레슨 이전에 '좋은 귀'를 가질 수 있도록 훈련하는 일이 음악가에게 가장 먼저 필요했다.

글을 쓰는 일도, 좋은 편집자를 만나기 이전에 스스로 자신의 글을 보는 힘을 기른다면, 더없이 소중한 재산이 될 수 있었다.

나는 이러한 글쓰기 책들을 통해 이전의 안 좋은 습관을 개선하고 나만의 스타일을 만들 수 있었다.

처음에는 '글쓰기'라는 행위가 멀고 막막하게 느껴졌지만, 이제는 내 삶의 중요한 자리를 차지하게 되었다.

앞으로 평생 책을 읽고, 또 내 생각을 글로 써 보는 삶을 살고 싶다. 글을 쓰는 일이 좋다.

19. 무료한 격리, 보람된 격리

2020년, '팬데믹'이 시작되었다. 나는 입대로 인해 해외 체류 기간이 만료되면서 귀국했는데, 한창 코로나 19가 기승을 부렸던 시기라 인천 공항에 도착하자 분위기가 전과 비교할 수 없이 달라져 있었다. 입국 심사대에서 하얀 보호 의복을 입은 의료진들이 안내를 해 주시는데 우리나라도 상황이 심각하다는 것을 느낄 수 있었다. 공항에서 자가 격리 어플리케이션을 설치하고 바로 집으로 와 2주간 격리를 해야 했다. 혹시나 한국으로 오는 여정에 감염이 된 건 아닐지 내심 걱정도 되었다. 격리를 시작하는데, 오랜만에 2주 간의 자유 시간이 주어졌다는 생각에 기분이 들떴다. 그동안 먹고 싶었던 배달 음식을 시켜 먹으며 온종일 핸드폰 게임을 하고 영화를 봤다. 처음에는 그렇게 시간을 보내는 게 좋있다. 하지만 시간이 지날수록 마음이 공허해지고 무료하다는 생각이 들었다. 뭔가 새로운 일들을 해 보고 싶은데 딱히 뭘 해야 할지도 잘 몰랐고 의욕도 안 생겼다.

결국, 2주간 놀고먹고 하면서 시간을 다 써 버렸다. 격리 마지막쯤에 PCR 검사를 받았는데 다행히 '음성'이 나와 감사했지만, 격리를 마치자 밀려오는 후회감은 어쩔 수 없었다. 나의 첫 격리는 이렇게 끝났다.

전차 대대에 있을 당시 일이다. 나는 수경(야외 훈련)으로 인해 밖에서 1박 2일을 보내고 다시 부대로 복귀해 핸드폰을 확인했는데, 연락이 와 있었다.
"아들, 엄마랑 아빠 코로나 걸렸어."
충격을 받았다. 부모님은 해외 선교로 인해 몽골에 계셨기 때문에, 의료 상의 부분이 매우 열악한 상황이었다. 바로 엄마에게 전화를 걸었다. 엄마 목소리가 많이 쉬어 있었다. 계속 기침이 나고 밥을 잘 못 드신다고 했다.

통화하는 내내 가슴이 찢어지는 것 같았다. 다행히 아빠는 증상이 심하지 않으셔서 아빠가 엄마를 간호해 주고 계셨다. 그때는 당장이라도 부모님께 달려가고 싶을 정도로 마음이 답답하고 힘들었다. 군대에서 웬만한 건 참고 이기겠는데, 부모님이 아프신데도 내가 아무것도 할 수 없는 상황이 오자 마음이 무너졌다. 통화를 마치고 표정이 울상이 되었다. 그날 저녁, 우리 부대원들에게 부모님의 상황에 대해 말했다. 그러자 부대원들은 마치 자기 일처럼 나를 위로해 주었다.

 부모님의 상태는 약 2주 동안 좋아지고 나빠지기를 반복했다. 한 번은 약 처방을 잘못 받아서 아빠의 건강이 악화되시는 일도 있었는데, 다행히 다시 약을 처방받고는 호전되셨다. 매일 부모님과 통화를 하는데 내가 할 수 있는 건 '기도'밖에 없었다. 엄마와 통화를 할 때마다 괜히 내가 걱정할까 봐 애써 밝게 이야기를 하시는 모습에 눈시울이 붉어졌다. 부대원들은 나를 마주칠 때마다 '부모님 건강은 어떠셔, 좋아지셨어?' 하고 걱정해 주었다. 고마웠다. 감사하게도 시간이 지나면서 부모님은 건강을 회복하셨고, 식사도 잘 하실 수 있게 되었다.

 이후 동생 결혼식을 위해 부모님께서 한국에 나오셨다. 약 3년 만에 부모님을 뵙는데 얼마나 반갑던지. 오랜만에 부모님을 안아드렸다.
 엄마가 '아들 맛있는 거 해 주고 싶다'고 하셔서 부모님과 식재료를 사러 마트에 갔다. 그러다 우연히 아빠 뒷모습을 보게 되었는데 아빠 머리에 '땜빵'이 있었다. 깜짝 놀랐다.
 지금까지 한 번도 그러신 적이 없었는데, 이번에 코로나로 고생하시면서 '땜빵'이 생기셨다고 했다. 그날 저녁 집에 돌아와 자려고 누웠는데 아빠 뒷모습이 자꾸 눈에 아른거렸다. 부모님께서 아프셨던 일로 인해 나에게는 코로나가 더욱 부정적인 존재로 각인되었다.

군대 역시 타격이 컸다. 내가 군악대로 오고 한 달쯤 지나자, 우리 부대에도 '코로나 확진자'가 발생했다. 확진자가 생기면서 많은 혼란이 있었고, 우리 군악대원 중에도 확진자와 밀접 접촉자가 생기면서 '군악대 전체'가 격리하게 되었다. 처음에는 '나도 코로나 걸리면 어떡하지?'하며 두렵기도 하고, 괜히 목이 간질간질하고 머리가 아픈 것 같았다. 격리 장소에서 약 '10일' 동안 지내야 했다. 그전까지는 바쁘게 하루하루를 보냈는데, 격리되면서 근무도 안 하고, 일과도 안 하고, 온종일 핸드폰을 사용할 수 있게 되었다.

처음 2, 3일 정도는 푹 쉬었는데, 시간이 지나면서 점점 무료하다는 생각이 들었다. 그러던 중 장영희 교수님의 《어떻게 사랑할 것인가》라는 책을 보게 되었다. 이 책은 문학을 사랑하는 마음을 담은 책이었는데, 코로나 격리로 지쳐 있던 나에게 새로운 마음가짐과 위로를 전해 주었다.
고(故) 장영희 교수님은 책 속에서, 우리가 왜 문학을 접해야 하는지 말씀하고 계셨다. 문학은 "어린아이가 찻길에 뛰어들 때 그 차를 막아주는 방패막이가 될 수는 없지만, 그 아이를 구해야겠다는 생각을 심어 줄 수 있다"라는 것이었다. 다시 말해 문학은 현대 문명으로 인해 딱딱해져 있는 우리의 마음속에 '사랑의 씨앗'을 심어 주는 역할을 했다. 그러고 보니, 나도 책을 읽기 시작하면서 이전보다 감수성이 더 풍부해지고 다른 사람을 배려하는 마음을 가지게 되었다. 무엇보다 이 책에서 가장 크게 와닿은 부분은 바로 장영희 교수님의 삶이었다.

교수님은 어린 시절에 발병한 소아마비로 인해 삶의 많은 부분에 제약을 받아, 밖에서 신나게 뛰어놀고 싶은 나이에 집에만 있어야 했다. 하지만 교수님은 그런 상황에서 책을 통해 세계를 여행하고 여러 사람을 만나시게 되면서, 문학의 아름다움을 가르치는 삶을 살게 되셨다. 이러한 교수님의 삶은 격리하고 있던 나에게 큰 자극제가 되어 주었다.

입대를 위해 귀국했을 당시 격리했던 시간이 생각났다. 그때는 '독서'와 '글쓰기'에 전혀 관심이 없었기 때문에, 온종일 먹고, 게임하고, 영화 보면서 시간을 보냈다. 처음에는 그렇게 시간을 보내면 마냥 좋을 것 같았지만, 격리가 끝나는 시점이 되자 마음이 공허하고 무료하게 시간을 썼다는 아쉬움이 남았었다.

하지만 이번 격리 때는 책을 통해 자극을 받고 새로운 도전을 하기로 결심하게 되면서, 코로나 격리 시간을 어떻게 써야 할지 방향을 잡을 수 있었다. 생각해 보니 격리 기간이 책 원고를 쓰기에 더없이 좋은 기회였다. 그날부터 책의 목차를 만들고 나의 이야기를 적어가기 시작했다. 여러 대회에 글을 응모했던 것과 꾸준히 '프리 라이팅(Free Writing)' 훈련을 한 것이 큰 도움이 되었다. 덕분에 하루에 약 2편 정도의 글을 쓸 수 있었고, 격리를 마칠 즈음 무려 14편의 글을 완성할 수 있었다.

'코로나 19'는 우리 가족뿐 아니라 전 세계를 위협하는 '팬데믹'이었지만, 이런 상황 속에서도 책 원고를 쓰며 앞으로의 시간을 준비하는 '기회'를 발견할 수 있었다.

20. 첫 강연

　군악대로 보직을 바꾸게 되면서 꼭 해 보고 싶었던 일 중 하나가, '용사들을 위한 강연하기'였다.
　전입한 첫날 본부 대장님과의 면담 끝에 용사들을 위한 강연을 해 보고 싶다고 말씀드렸더니, 대장님께서 기뻐하시며 좋다고 하셨다. 그런데 전입한 지 얼마 안 되어 '코로나 확진자'가 발생하고 말았다. 부대 안에 코로나 확진자가 생기자 많은 부분이 마비되었다. 한동안 부대 내에서 용사들이 모일 기회가 없었고, 정상적인 일과를 진행할 수 없었다.
　한 달 정도 지나자 뉴스에서 긍정적인 소식이 들리기 시작했다. '거리 두기'가 완화되고, '사적 모임'도 가질 수 있게 된다는 것이었다. 아무래도 군대는 사회처럼 많은 조건에서 자유로워지기 어려웠지만, 그래도 그 시점부터는 다 같이 한곳에 모일 수 있었다.

얼마 후, '장병 인성 교육' 일정이 잡히면서 용사들은 한 주 동안 인성교육을 받아야 했다.

월요일 아침, 3층 강당에 모여 교육을 받게 되었다. 본부 대장님께서 한 주 동안 교육이 어떻게 진행될지에 대해서 설명해 주셨다. 그러다 갑자기 나에게 질문을 하셨다.

"동원아, 인성 교육이 뭐라고 생각하니?"

나에게 질문을 하실 거라고는 전혀 생각지도 못하고 있었는데, 갑자기 질문하셔서 당황해 횡설수설 대답을 했다.

"너 저번에 강연하고 싶다고 그랬었지?"

"그, 그렇습니다."

"그럼 이번 인성 교육 주 기간 때 한번 해 볼래?"

"예, 알겠습니다!"

나의 수첩 버킷리스트에 적혀 있던 '본부대 강연' 벌써 오랜 시간이 지나 내 머릿속에서 잊혀가고 있었다.

그날 본부 대장님께서 내가 전입한 첫날 말씀드렸던 꿈을 상기시켜 주셨고, 기회를 마련해 주셨다. 금요일 오전에 '한 시간' 동안 강연을 하기로 계획을 잡았다.

월요일 밤, 잠을 자려고 누웠는데 머릿속에 지금까지 있었던 많은 일이 파노라마처럼 스쳐 지나갔다.

'입대, 훈련소, 후반기, 보충 중대'

그리고 선명하게 떠오르는 장면이 있었다.

내가 보충 중대에서 지내던 시절, 본부근무대 3층 강당에서 사단장님의 강연을 듣고 있는 장면이었다.

  그 후로부터 10개월이 지난 시점, 이제 내가 그 자리에 서서 다른 용사들을 위해 강연을 하게 된다는 사실이 믿어지지가 않았다. 가슴이 콩닥콩닥 뛰었다.

  강연을 준비하기 시작했다. 생각해 보니까 그냥 강연만 하기보다는 클라리넷 연주도 하면 좋을 것 같아 강연 전, 후로 두 곡을 준비했다. 그 중 끝에 연주할 곡은 우리 군악대에 기타를 연주할 수 있는 전우가 반주로 함께 해 주게 되었다.
  그동안 책을 쓰기 위해 적어 왔던 글들이 강연 준비에 큰 도움이 되었다. 코로나 격리기간 동안 썼던 글들을 읽어 보면서 내 군 생활 동안 어떤 일들이 있었는지, 그리고 나의 목표, 꿈, 계획이 무엇인지 다시 한 번 돌아볼 수 있었다.
  신기하게도, 이렇게 강연을 준비하는 일이 처음임에도 불구하고 마음이 편안했다. 새로운 일을 한다기보다는 그동안 이 강연을 하기 위해 수많은 리허설을 해 왔다는 생각이 들 정도였다. 수첩을 꺼내 전체적인 틀을 잡아 보고 마음속으로 그 장면들을 그려 보았다.
  시간이 빠르게 흘러 금요일이 되었다. 강연은 오전 9시에 시작이 되었는데 약 20명 정도의 용사들이 참석했다.
  짧게 내 소개를 한 뒤, 연주를 시작했다. 감사하게도 사람들이 내 연주를 듣고 굉장히 기뻐해 준 덕분에 좋은 분위기로 강연을 시작할 수 있었다. 강연 주제는 지난번 국방일보에 기고했던 "관점을 바꾸자! 인생이 달라진다!"였다. 그동안 나에게 어떤 일들이 있었는지 쭉 이야기했다.

막상 강연을 해 보니 시간이 부족하게 느껴질 정도로 재미있었고, 이런 기회를 통해 나의 경험을 용사들과 나눌 수 있는 사실이 감격스러웠다. 시간이 다 되어 강연을 마무리하고 마지막 곡을 연주했다.

유재하의 '사랑하기 때문에'가 기타와 클라리넷의 아름다운 소리로 강당을 가득 채웠다. 용사들은 숨을 죽이고 우리의 연주를 감상했다. 마지막 음이 사라지자 큰 박수소리와 함께 기쁨의 탄성이 들려왔다. 진심 어린 환호였다. 감격스러웠다.

또 하나의 꿈이 이뤄지는 순간이었다.

21. 나를 위로해 준 '글쓰기'

나에게는 세상에 둘도 없는 소중한 친구가 있었다. 내 목숨만큼 소중하다고 할 수 있는 그런 친구였다. 그런데 고등학교에 입학할 무렵, 그 친구와 이별하게 되었다. 친구가 세상을 떠났다. 그 일로 인해 나는 누군가를 진정으로 사랑하는 것이 두려워졌다. 사랑하는 마음이 클수록 이별에 대한 아픔이 크다는 생각이 들었기 때문이다. 그 후로는 사람들과 적당한 거리를 두고 지냈다.

친구와 이별을 하게 된 후, 오랫동안 아픈 기억을 묻어두고 지냈었다. 그렇게 그 기억은 내 마음속 깊숙한 방 안에 정리되지 않은 채로 방치되어 있었다. 하지만 글쓰기를 시작하게 되면서, 나의 아픈 기억을 글로 적어 더듬어 볼 약간의 용기가 생겼다.
펜을 들어 노트에 글을 적기 시작했다.

⟨이별이 준 선물⟩

고통스러웠다. 너무나도 고통스러웠다. 그래서 잊어야만 했다. 처음 그 소식을 들었을 때, 눈앞이 캄캄해졌다.
'왜 하필 나에게 이런 일이….'

유치원생이었던 7살, 나는 한 동생과 싸움을 했다. 아직도 왜 싸웠는지는 기억이 안 난다. 하지만 한 가지 분명하게 기억나는 게 있다. 그 동생은 내가 싸우는 방식을 그대로 따라 했다. 내가 주먹으로 때리면 똑같이 주먹으로 때리고, 내가 몸을 잡고 누르면 그대로 나를 따라서 내 몸을 잡아 누르고. 꼬맹이들이 싸우는데 어찌나 격하고 살벌한지. 그렇게 몇십 분을 싸우고 나서야 서로 지쳐 머리끄덩이만 잡고 늘어졌다.
"놔라."
"네가 먼저 놔!"
나보다 동생인데도 싸움에는 형 동생 없었다. 결국, 지나가시던 선생님이 우릴 발견하시고 나서야 싸움은 종료되었다.
"너네 여기서 이게 무슨 짓이야? 무릎 꿇고 손 들고 반성해! 알았어?"
"…."
분명히 난 잘못한 게 없는 것 같은데, 똑같이 벌을 받아 억울했다.

며칠이 지났다. 같은 유치원이다 보니 어쩔 수 없이 마주치는 경우가 있었다. 그럴 때마다 어색한 공기가 흘렀다.
'쳇, 싸움도 못 하는 게.'
그런데 어느 날, 그 동생이 나에게 다가왔다.
'뭐지? 다시 싸우자는 건가?'
내 예상은 완전히 빗나갔다.
"형, 미안해. 내가 잘못했어. 얼마 전부터 사과하고 싶었는데, 오늘에서야 하게 됐네. 그리고 저번에 싸울 때 자꾸 형 따라 해서 미안해."
얼떨결에 그런 사과를 받자 무슨 말을 해야 할지 몰랐다.
"아, 으응. 그래. 사실 나도 사과하고 싶었어. 나도 미안하다."
그저 횡설수설할 뿐이었다. 그런데 갑자기 그 동생이 나에게 한 제안을 했다.
"형, 오늘부터 나랑 친구 할래?"
'친구?'
친구라는 말은 낯설지만 뭔가 따뜻한 단어였다.
"그래, 좋아. 오늘부터 우리 '친구' 하자!"
나이는 나보다 한 살 어렸지만, 그렇게 우리는 서로에게 가장 소중한 '친구'가 되었다.

"내 친구랑 같은 팀 안 되면 안 할 거야!"
"나도 우리 형이랑 같은 팀 안 하면 안 해."

우리는 종종 축구를 해도 서로 같은 편이 안 되면 게임을 안 한다고 말했다.

"야, 그런 게 어디 있냐. 친구라도 다른 팀 할 수 있는 거지."

우리는 완강했다. 그리고 결국 같은 팀으로 축구를 했다. 얼마나 기쁘던지.

강원도 원주. 우리는 매일같이 산골짜기를 다니며 벌레 잡고, 칼싸움도 하고, 고드름 따먹고 신나게 놀았다. 친구와 함께 노는 하루하루가 정말 행복했다.

어느 날, 아버지가 직업을 바꾸시게 되면서 우리 가족은 고향을 떠나 다른 도시로 가게 되었다. 그날 새벽, 차를 타고 원주를 떠나는데 어찌나 서글프던지. 친구와 헤어져야 한다는 사실에 닭똥 같은 눈물을 흘렸다.

그래도 방학이 되면 원주에 계신 할머니 집에서 며칠씩 지내는 덕분에 친구를 만날 수 있었다. 매번 방학이 기다려졌다. 나는 한 번씩 학교 친구들에게 물었다.

"야, 너는 세상에서 가장 친한 친구 있어? 그냥 평범한 친구 말고, 네 목숨만큼 친한 친구."

"글쎄, 친구는 많은데, 가장 친한 친구라. 그럼 너는 있어?"

"물론이지. 어릴 때 싸우다가 친구가 됐는데, 세상에서 가장 친한 친구야."

그렇게 말할 때마다 뿌듯했다. 세상에 둘도 없는 하나뿐인 친구. 내게 그런 친구가 있다는 사실이 자랑스러웠다.

중학교 3학년 겨울방학이었다. 나는 동생을 데리고 여느 때와 같이 고향에 친구를 만나러 갔다. 점심으로 초밥을 먹고 피시방에서 신나게 놀았다. 보통 원주에 가면 그 친구 집에서 며칠씩 자곤 했다. 오랜만에 만나기 때문에 그런 시간이 더 소중했다. 그날은 일이 생겨서, 친구 집에서 못 자고 다시 집으로 돌아오게 되었다.

다음 날, 전화가 왔다. 내 동생이 전화를 받았는데, 표정이 점점 어두워졌다. 동생은 전화를 끊고 입을 열었다.
"형, 형 친구가, 형 친구가."
동생은 말을 잇지 못했다.
"왜? 무슨 일이야. 똑바로 말해 봐!"
괜히 뭔가 불안해서 소리쳤다.
"형 친구가, 어젯밤에 사고가 나서 죽었대."
"뭐라고? 죽었다고? 그게 무슨 말이야! 똑바로 말해. 거짓말이지? 그치? 거짓말이지?"
믿을 수가 없었다.
'내 친구가 죽었다니.'
온종일 방에 틀어박혀 나오질 않았다.
"하나님, 제발 제 친구 살려 주세요. 제발요. 어떻게 이럴 수가 있습니까. 하나님, 제발, 지금이라도 다시 살려내 주세요."
캄캄한 방에 엎드려 미친 듯이 울며 기도했다.
그 당시의 나는, 가까운 사람의 죽음을 겪어 보지 못했었다. 그런 나에게 세상에서 가장 소중한 친구를 잃는다는 건 말로 표현할 수 없는 충격이었다. 울부짖다 지쳐 잠이 들었다.

다음 날, 동생과 나는 친구 장례식에 가기 위해 집을 나왔다. 비가 내리고 있었다. 버스를 타고 원주로 가는 내내 눈물이 빗물을 따라 흘렀다. 장례식장에 도착했다. 들어가기가 망설여졌다. 이곳에 들어가면 내가 이 현실을 받아들이게 되는 것 같았다. 끝내 용기를 내어 들어갔는데, 영정 사진 앞에 눈물로 밤을 지새우고 지쳐 쓰러져 계신 친구 부모님이 보였다. 그 모습을 보자, 꿋꿋이 참았던 눈물이 다시 터졌다. 도저히 영정 사진 속 친구의 얼굴은 볼 수가 없었다. 그 순간들을 믿고 싶지 않아서였는지, 그 이후로는 기억이 잘 안 난다.
원인은 감전 사고였다. 그날 밤, 멀티탭이 부서지면서 친구가 전기에 감전되고 말았다. 구급차에 실려 병원으로 가던 중 숨이 멎은 것이었다. 오후까지만 해도 같이 웃고 장난치며 시간을 보냈는데….

중학교 3학년 겨울 방학에 친구를 떠나보내고 고등학교에 입학하게 되었다. 매일같이 친구가 내 머릿속에 떠올라 슬픔에서 벗어날 수 없었다. 날마다 일기를 썼다. 친구가 너무 그리웠다.

그러던 어느 날, 도저히 이렇게는 안 되겠다는 생각이 들었다. 슬픔에 갇혀 정상적인 삶을 살 수 없을 것 같았다. 그래서 그때부터 일부러 잊으려고 애썼다. 고통스러워서, 내가 사랑하는 사람을 떠나보내야 하는 사실이 너무 고통스러워서 잊고 싶었다. 친구가 생각날 때마다 억지로 몸을 움직이고, 무엇인가를 했다.

그렇게 친구와 이별한 지 벌써 '12년'이 지나 버렸다.
어느 날 문득, 다시 친구를 떠올려 보았다. 기억이 나지 않았다.
친구의 얼굴이, 친구의 목소리가 기억나지 않았다. 이미 내 머릿속에서 친구와 함께했던 수많은 추억이 잊히고 있었다. 지갑을 열어 보니, 그날 친구 장례식을 가기 위해 끊었던 버스표가 그대로 있었다.

그때는 친구를 잃는 것이 죽을 만큼 고통스러웠다. 그 고통을 피하고 싶어서 잊어야 했다. 하지만 지금 와서 돌아보니 친구와 함께했던 모든 시간이 얼마나 소중했는지 다시금 느껴졌다.

인생을 살다 보면 시간이 지나면서 하나둘씩 깨닫게 되는 일들이 있다.
'만남'이 있다면 반드시 '이별'도 있었다.
만남보다 이별은 더 어려웠다. 하지만 친구는 내 곁을 떠났을지라도 나에게 소중한 걸 남겨 주었다. 그건 바로 '추억'이었다. 이 추억이 얼마나 소중한 것인지 인제야 알게 되었다.
누군가를 진심으로 사랑했다면 그에 따른 이별의 고통 또한 어마어마하다.
그러나 이제 나는 피하고 싶지 않다. 그 고통 또한 진정으로 사랑했기에 존재할 수 있기 때문이다.
'사랑이 없는 인생을 어떻게 행복하다고 할 수 있겠는가!'
이제 나는 마음껏 사랑하고 싶다. 아프더라도 온 마음으로 사랑하고 싶다.

내가 가장 사랑했던 친구에게는 동생이 있다. 세 번째 휴가 때 '12년' 만에 그 동생을 만나 이 글을 전해 주었다. 많은 시간이 흘러가 있었다. 이런 나의 마음을 표현한 건 처음이었는데, 많은 시간이 흘렀음에도 형과 자신을 기억해 주는 것이 감격스럽다고 했다. 자신의 부모님께서도 이 글을 보시면 기뻐하시겠다며, 꼭 전달하겠다고 했다. 짧은 만남이었지만, 가슴 뜨거운 만남이었다.

이 글을 적어보면서 내 마음에 큰 변화가 있었다. 무엇보다 잊고 싶었던 이별의 아픔이 꼭 나쁘지만은 않다는 사실을 알 수 있었다. 나는 친구에게 이별보다 더 큰 '추억'을 선물 받았기 때문이다.
하늘에서 나를 바라보고 있을 가장 소중했던 친구에게 이 글을 올린다.

사랑한다, 친구야.

22. 《우리의 인생이 겨울을 지날 때》 1

 매서운 바람과 차디찬 눈이 내리는 계절, '겨울'
 겨울이 되면 아름답고 화려했던 나무의 잎들이 떨어지고 앙상한 가지들만 남는다. 마치 모든 생명이 모습을 감춘 것 같다. 자연이 겨울을 피해갈 수 없듯이, 우리도 인생의 겨울을 만나게 된다.

 입대 후 1년간 많은 일이 있었다. 처음에는 여러 가지 어려움이 많았지만, 22사단에 오게 되면서 '독서'를 시작하게 되었고 '군 생활의 꿈'을 가지게 되었다.
 '150권 책 읽기' 그리고 '나의 이야기를 책으로 쓰기'
 책을 쓰기 위해서는 '소재'가 필요했다.
 2022년 1월. 군악대로 오게 된 후 여러 공모전에 도전하게 되었고, 그 과정들을 책의 소재로 삼아야겠다는 목표를 가졌다. 약 10개가 넘는 대회에 도전했는데, 결과는 참담했다. 참여한 모든 공모전에서 탈락했다.

처음에는 '그래도 괜찮아'라는 마음으로 이겨내려 했지만, 반복되는 실패로 인해 나의 자신감은 점점 무너졌다.

'책을 써서 많은 장병에게 희망을 주고 싶었는데.'

계속되는 실패로 인해 오히려 내가 희망을 잃어가고 있었다. 아무리 글을 쓰려고 해도 무슨 말을 적어야 할지 떠오르지도 않았다. 그러던 와중 또다시 절망이 찾아왔다.

어느 날, 'TOP 율곡 전사'를 선발한다는 소식을 듣게 되었다. 글쓰기는 잘하지 못해도 '체력'만큼은 자신이 있다고 생각했었기에, 여기에 도전해 또 하나의 이야기를 만들어 보고 싶었다.

그런데 'TOP 율곡 전사' 선발 날짜가 되기 사흘 전, 내 몸에 이상 신호가 왔다. 갑작스러운 복통이 일어나면서 도저히 견딜 수가 없었다. 웬만큼 아픈 건 참고 견디는 편인데, 통증은 점점 심해졌고 밤에 응급실에 가게 되었다. 그날 나를 진료해 주신 의사 선생님께서는 내가 아픈 부위의 전문의가 아니어서, 결국 다시 부대로 복귀해야 했다. 다음 날 속초에 있는 민간 병원에 가서 진료를 받았지만, 원인을 알 수가 없었다. 일단 진통제를 처방 받고 복귀를 하던 중, 갑자기 드는 생각이 있었다.

'혹시 탈장인가?'

인터넷에 나의 증상을 찾아보니 탈장 증세와 비슷했다. 간부님께 말씀드렸더니 강릉 병원에서 'CT 촬영'을 해 보자고 하셔서, CT 촬영도 하게 되었다. 그때까지 건강만큼은 자신 있다고 생각했는데 복통으로 인해 아무것도 할 수 없었다. 행여나 큰 문제라도 생긴 건 아닐까, 괜히 더 두려웠다.

검사 결과 다행히도 탈장은 아니었지만 통증은 여전히 계속되었기 때문에, 군의관님께서 당분간 충분한 휴식을 취하라고 하셨다. 결국 'TOP 율곡 전사'를 포기할 수밖에 없었다.

그로부터 얼마 후 우리 군악대 연주 담당관님께서 곧 있을 '율곡 독후감 대회'에 나가보는 게 어떠냐고 제안하셨다. 처음에는 '몸 상태가 좋지 않고, 마음도 지쳐서 하고 싶지 않다'고 말씀을 드리려고 했다. 하지만 내가 독서를 즐겨 하는 걸 알고 하신 제안이라는 게 느껴져, '율곡 독후감 대회'를 준비하기로 했다.

그즈음 읽게 된 책이 '캐서린 메이'의 《우리의 인생이 겨울을 지날 때》이다.

한 아이의 엄마이자 한 남자의 아내로 최선을 다해 살아가고 있던 '캐서린 메이'에게 겨울이 찾아오면서, 그녀는 자신이 쌓아왔던 모든 것들을 빼앗기는 느낌을 받는다.

'남편의 맹장염, 아이의 등교 거부, 그리고 자신의 건강 문

제로 인해 목소리를 잃고 실직.'

집필과 강연을 하며 나름대로 열심히 살아온 그녀였지만, 갑작스럽게 밀려오는 여러 가지 시련 앞에서 어떻게 해야 할 줄 몰라 '속수무책'이었던 것이다.

사실 그녀는 겨울을 이겨내기 위한 책을 쓰려고 했지만, 오히려 겨울로 인해 무너지고 있었다. 그렇게 인생의 참혹한 시간을 보내던 중, 그녀는 놀라운 사실을 발견한다.

"식물과 동물은 겨울과 싸우지 않는다. 그들은 준비하고 순응한다."(p.22)

그녀는 자연을 통해 '겨울은 맞서 싸워야 하는 게 아니라 받아들여야 하는 것'이라는 사실을 알게 되었다. 그동안 그녀는 열심히 인생을 살아가면 승승장구하리라고 생각했지만, 현실은 그녀의 생각처럼 '직선으로 된 삶'이 아니었다. 마치 '구불구불한 길'처럼, 예상할 수 없는 일들이 많았다. 인생에서 겨울을 만났을 때, 발버둥 치고 애를 쓴다고 해서 벗어날 수 없었다. 오히려 다시 찾아올 '봄'을 위해 준비하고 순응하는 것이 겨울의 시간에 할 일이었다.

그녀는 자신의 현실을 받아들이게 되면서 '희망'을 품게 된다. 그리고 다시 앞으로 나아가기 시작한다. 다시 회복할 수 없을 것 같다고 생각했던 목소리를 찾게 되면서 강연을 할 수 있게 된 그녀. 그리고 그런 그녀의 삶에 마침내 다시 봄이 찾아온다.

'윈터링(Wintering-겨울을 나는 법)의 지혜'를 알게 된 그녀는, 많은 사람에게 '윈터링의 지혜'를 알리는 삶을 살게 된다.

이 책을 만나기 전, 나는 겨울이 싫었다. 겨울로 인해 내가 꿈꿔왔던 것들이 이루어지지 않을까 두려워, 겨울을 벗어나기 위해 발버둥 치고 애썼다. 그러나 책의 마지막 페이지를 덮는 순간, 겨울을 대하는 나의 마음은 바뀌어 있었다. 내가 겨울 동안 해야 할 일은 '준비하고 순응하는 것'이었다. 겨울은 새로운 시작을 위한 또 다른 '기회'이자 '따뜻한 봄'을 기다리는 시간이었기 때문이다. 이 문장을 통해 겨울이 내 삶 속에 어떤 이로움을 주는지 알 수 있었다.

"바늘은 옷감을 수선하기 위해 옷감에 상처를 내지. 바늘이 없으면 옷감도 없어."(p.97)

내 인생에 찾아온 '바늘'과 같았던 겨울, 그리고 꿈을 향해 달려가던 중 계속되었던 실패. 하지만 그동안 내가 했던 도전은 결코 헛된 일이 아니라, '따뜻한 봄'을 기다리는 기회의 시간이었다. 바늘이 없다면 좋은 옷을 만들 수 없듯이, 겨울은 나의 삶을 더 가치 있게 만들어 주었다. 자연이 겨울과 싸우려 하지 않고 받아들여 새롭게 변화되듯이 나도 겨울을 인정하고 받아들여 보았다.

 그러고 보니 겨울이 좋았다. 이렇게 겨울이 지나고 나면 또 다시 '따뜻한 봄날'이 찾아오고, 더 성장한 나로 인해 많은 사람이 쉼을 얻고 기쁨을 얻게 될 것이기 때문이다.
 그동안 나 자신을 높이기 위한 수단으로 사용했던 연주, 그리고 수많은 노력들. 하지만 이제 나도 이 세상을 아름답게 하기 위해, 또 겨울을 이겨내지 못하고 있는 사람들을 위로하기 위해 내가 배운 '윈터링의 지혜'를 마음껏 나누고 싶다.

23. 《우리의 인생이 겨울을 지날 때》 2

'케서린 메이'의 《우리의 인생이 겨울을 지날 때》라는 책을 읽고 겨울을 받아들이게 된 후, 반드시 봄이 찾아온다는 믿음을 가지게 되었다. 겨울을 통해 나무의 나이테가 두꺼워지듯이, 내 마음도 실패를 통해 더욱 단단해질 수 있었다. 그 후 얼마 지나지 않아 우연히 '협성문화재단'에서 주최하는 'New Book 프로젝트' 공모 소식을 보게 되었다. 이 프로젝트는 일반인이 책을 출판할 수 있도록 돕는 프로그램이었다.

만약 내가 그 당시 《우리의 인생이 겨울을 지날 때》 책을 보지 않았더라면, 이 공모전을 두고 갈등을 많이 했을 것이다.

'이번에도 실패하면 어떡하지?'

그러나 이제 더는 실패가 두렵지 않았다. 설령 실패한다고 하더라도, 이 일로 인해 나는 더 강해지겠다는 확신이 들었다.

그때부터 군 생활 동안 적어 왔던 글들을 다듬고 다듬어 협성문화재단 공모전에 원고를 접수했다. 결과가 나오기까지 약 한 달 정도의 시간이 걸렸다. 그 결과를 기다리는 사이, 8군단에서 주최하는 '위풍당당 스토리 공모전'에 글을 응모하기도 했다.

얼마 후, 소식을 듣게 되었다.
"동원아, '위풍당당 스토리 공모전'에 네 글이 채택됐다고 하더라."
한 간부님께서 공모전 결과를 전해 주셨고 군단 홈페이지에 들어가 보니 내 이름이 있었다. 덕분에 군단장 상장을 받게 되었다. 그 후 훈련이 있어서 정신없이 시간을 보내고 있었다. 훈련을 마치고 부대로 복귀한 날이, 바로 책 공모전 결과가 나오는 날이었다. 일과 후 핸드폰을 받는 오후 5시 30분, 떨리는 마음으로 문자를 확인했다.

"협성문화재단입니다. NEW BOOK 프로젝트 1차 서류 합격자로 선정되었음을 알려드리며, 재단 홈페이지를 통해 자세한 내용을 확인하여 주시기 바랍니다. 감사합니다."

1차 원고가 합격된 후, 2차 면접 심사를 보기 위해 휴가를 쓰게 되었다. 우리 부대 간부님들과 군악대 일원들도 내 소식을 듣고 기뻐하며 잘 다녀오라고 응원해 주었다. 면접 당일, 부산역에 도착해 2차 면접 장소인 '북두칠성 도서관'으로 발걸음을 옮겼다. 도서관에 도착해 잠시 도서관을 구경했는데, 수많은 책에 압도당하고 말았다. 그렇게 아름다운 도서관은 처음이었다. 그동안 군대에서 읽었던 책들도 문득문득 발견할 수 있어 반가웠다. 한창 구경하던 도중, 도서관 한 귀퉁이에 적혀 있는 글귀를 보게 되었다.

"삶은 읽기 전후로 나뉜다.
좋은 책을 읽은 우리는 과거로 돌아갈 수 없다."

마음에 와닿는 글귀였다. 마치 나의 마음을 대변해 주는 글 같았다. 내가 정말 그랬다.

'만약 정약용의 《유배지에서 보낸 편지》를 만나지 못했더라면, 《손자병법》을 만나지 못했더라면, 《부의 추월차선》을 만나지 못했더라면.'

나의 군 생활은 지금처럼 보람 있고 행복할 수 없었다. 다시 한 번 독서를 시작하게 되었다는 사실에 감사며, 면접 대기실로 이동했다. 그날 군복을 입고 대기하는데 이런 생각이 들었다.

'책과는 전혀 상관없는 삶을 살았던 내가 책을 쓰기 위한 면접을 보게 되다니, 어떻게 이런 일이 있을 수 있지?'

자리에 앉아 있으면서도 이 현실이 믿기지 않았다. 잠시 후 내 차례가 되었다. 생각보다 많이 떨리지 않았다. 아니, 오히려 마음이 편안했다. 그리고 감사했다. 이것은 나를 위하는 일이 아닌 우리를, 더 나아가 대한민국 장병들을 위하는 일이라는 마음이 들었다.

'이 일은 될 수밖에 없구나.'

나는 자신감을 가지고 면접실 문을 열었다.

네 분의 심사위원이 계셨고, 반갑게 맞아 주셨다. 내 소개를 시작으로 다양한 질문을 받게 되었다. 면접을 보는 내내 감사했고, 진정으로 책을 사랑하시는 분들 앞에 이렇게 작고 부족한 내가 앉아 있다는 사실이 놀라웠다.

면접을 마치고 다음 날 부대로 복귀했다. 얼마 후 군단에서 '위풍당당 스토리 공모전'에 채택된 글을 토대로 영상을 찍는다는 연락이 왔다. 이 영상은 '국방 IPTV'에 방영되어 용사들을 위한 교육 자료로 활용될 계획이라고 했다.

그동안 있었던 일들을 PPT 자료로 만들어 준비하고 영상을 찍게 되었다. 사단 또는 군단을 다니며 강연을 해 보고 싶었는데, 이 영상을 통해 꿈을 이룰 수 있었다. 벅차고, 감사했다.

'겨울'이 지나면
눈이 녹고 땅이 드러나 새싹이 자라고 꽃이 피듯이,
'실패'가 지나고 나자
기적과도 같은 일들이 일어나기 시작했다.

대망의 2차 면접 결과가 나왔다.

"협성문화재단입니다. NEW BOOK 프로젝트 2차 면접 합격자로 선정되었음을 알려드리며, 재단 홈페이지를 통해 자세한 내용을 확인하여 주시기 바랍니다."

'봄이 왔구나.'

그렇다. 봄이 왔다. 인생은 계절과 같았다. 봄이 오면 여름이 오고, 그 후에는 가을이 오고 또다시 겨울이 찾아온다. 그리고 마침내 봄은 또 올 것이다.

나는 책을 통해 '윈터링(겨울을 나는 법)의 지혜'를 배웠다. 겨울이 있었기에, 다시 찾아온 봄은 소중했다.

(다음의 글은 '위풍당당 스토리 공모전' 응모작입니다.)

〈미래의 전우를 위해〉

'사랑하는 사람과 떨어져 있어도 매일 목소리를 들을 방법이 있지 않을까?'

'알렉산더 그레이엄 벨'은 이 방법을 꼭 찾고 싶었다. 그에게 수많은 어려움이 찾아왔지만, 자신을 격려하는 사람들로부터 힘을 얻어 마침내 '전화기'를 발명할 수 있었다.

오늘날, 우리가 언제 어디서든 사랑하는 사람의 목소리를 들을 수 있는 것은 '벨'의 '간절함'이 있었기 때문이다.

28살. 나는 늦은 나이에 군 생활을 시작했다. 클라리넷 연주자로 활동하던 중, '징집'으로 입대해 강원도 고성 '전차 대대'의 '장갑차 조종수'라는 보직을 받았다. 10년이 넘게 연주 활동을 해 오던 나는 '군대에서 전공을 살릴 수 없어 아쉽다'는 생각에 빠져 지내고 있었다. 그렇게 군 생활을 하던 중, 하루는 어떤 간부님께서 우리 부대원들에게 '잔반 처리 비용'에 대해 말씀하신 적이 있었다. '일 년에 잔반 처리에만 꽤 큰 비용이 들어가는데, 모두가 조금씩만 신경을 써 달라'는 것이었다. 처음에는 그 이야기가 와닿지 않았다. 주변을 둘러봐도 나와 마찬가지로 귀 기울여 듣는 사람이 거의 없었다. 그런데 갑자기 이런 생각이 들었다.

'나도 우리 부대의 일원인데, 부대를 위해 한 번쯤은 고민해

볼 수 있지 않을까?'

그로부터 며칠 후, 첫 휴가를 가게 되었다. 그토록 그리웠던 '집밥'을 먹는데 자꾸만 '잔반 처리'에 대한 일이 생각났다.
'사람들이 밥을 남기는 이유가 뭘까?'
스스로 질문을 던지며 답을 적어 보았고, 그렇게 '보고서'가 완성되었다. 휴가를 마치고 부대로 복귀했다. 그리고 보고서를 들고 대대장님을 찾아갔다. 어떻게 이런 글을 쓰게 되었는지 보고를 드리던 중, 자연스럽게 내가 군대에 오기 전 연주 활동을 했었던 사실을 말씀드리게 되었다. 그러자 대대장님께서는 굉장히 기뻐하시며, 부대에 악기를 가져와 연습하도록 배려해 주셨다. 그리고 크리스마스에 '부대원들을 위한 콘서트'와 '국방일보'에 기고문을 쓰는 기회를 주셨다.

작년 12월. '국방일보'에 내 기고문이 실렸고, '국방 FM 라디오 방송'에서 인터뷰를 하게 되었다. 그리고 '부대원들을 위한 콘서트'도 할 수 있었다.
그리고 올해 1월. 상상도 못 했던 일이 일어났다. 내가 쓴 기고문을 인상 깊게 읽으신 사단장님과 대대장님의 배려로 인해 '군악대'로 보직을 변경하게 되었다. 나는 입대 후 큰 절망 가운데 지내고 있었다. 그런데 '22사단'을 만나게 되면서 나의 '관점'을 바꾸게 되었다. '관점'을 바꾸고 보니, 빨리 끝나기만을 바랐던 군 생활 속에서도 '나를 계발할 수 있는 것'이

참 많았다.

처음으로 '독서'를 시작하며 여러 공모전에 도전해 입상하게 되었고, 현재까지 약 '150권'의 책을 읽을 수 있었다. 어느 날 문득, 이런 마음이 들었다.
'앞으로 수많은 전우가 군대에 오게 될 텐데, 어떻게 하면 18개월이라는 시간을 보람되게 보낼 수 있을까?'
이런 고민을 하던 중, 한 가지 '꿈'을 가지게 되었다.
바로 나의 이야기를 '책'으로 쓰는 것이다. 책을 통해 전우들에게 '꿈'과 '희망'을 주고 싶다. 나 또한 군 생활을 하는 동안 수많은 어려움이 있었지만, 많은 분의 '격려'와 '도움'으로 인해 포기하지 않고 지금까지 올 수 있었다. 나는 한 번도 전문적으로 글쓰기를 배운 적이 없다. 하지만 '알렉산더 그레이엄 벨'의 '간절함'이 오늘날 우리에게 전화기를 주었듯이, 미래의 전우들을 위한 이 '간절함'이, 오늘도 나를 앞으로 정진하게 한다.

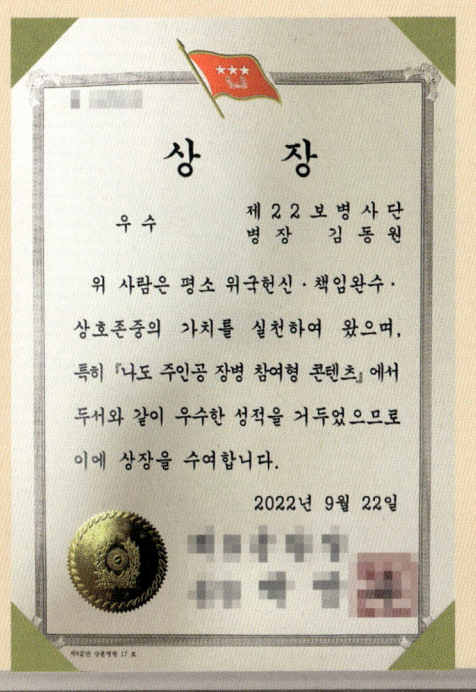

24. 《당신의 소원을 이루십시오》

"이~~얍!"

소리와 함께 역기가 들렸다.

총 300kg의 역기를 들어 올리고, 2005년 올림픽 금메달을 손에 쥔 역도 선수가 있다.

'장미란'

그녀는 금메달을 따기 위해 하루에도 수백, 수천 번 역기 드는 연습을 했을 것이다. 그런데 그녀가 우승을 거머쥐기 전, 세계 최고의 선수가 되기 위해 노력했던 또 다른 일이 있었다. 바로 '이미지 트레이닝'이다. '이미지 트레이닝'은 마음을 단련하는 기술이라 할 수 있다. 장미란 선수는 눈을 감고 자신이 참가한 대회에서 어떤 장면이 펼쳐질지 상상했다고 한다. KBS 특별기획 다큐멘터리 '마음'에서 보게 된 이야기다.

고등학생 때 이 영상을 접하게 되었는데, 그때는 그저 장미란 선수가 대단하다고만 생각될 뿐 나와는 다른 세상의 이야기처럼 느껴졌다.

나는 오랫동안 어떤 일을 시작할 때 '내가 과연 이 일을 할 수 있을까?'라는 의구심 속에 살아왔었다. 그런데 '존 맥도널드'의 《당신의 소원을 이루십시오》라는 책이 이런 내 마음을 송두리째 바꿔 주었다.

같은 생활관 선임이 자신의 인생 책이라며 나에게 빌려 줬던 이 책은, 짧은 분량이었지만 강한 인상을 남겼다. 우리의 '마음'에 대해서 자세히 설명하고 있었는데, 고등학생 때 보았던 장미란 선수의 다큐멘터리를 떠올리게 했다. 개인적으로 '바깥 마음'과 '안 마음'에 대한 이야기가 인상 깊었다.

'바깥 마음'은 신체의 오감을 통해 우리가 외적으로 받아들이며 느끼는 것이다. 어떤 상황을 보고 1차적으로 올라오는 생각들이 '바깥 마음'인 것이다.

'안 마음'은 우리의 삶을 이끌어 가는 본질적인 에너지라 할 수 있다. '안 마음'에는 에너지의 한계가 없는데 '바깥 마음'이 무언가를 인지하고 받아들이면 거기에 그대로 에너지를 쏟는다.

그동안 '안 마음'에 대해서 잘 몰랐기 때문에 눈으로 보고 느끼는 게 전부라고 생각했었다. 하지만 이 책을 여러 번 읽어 보면서 그동안 내가 자주 실패할 수밖에 없었던 이유를 발견하게 되었다. 내 '바깥 마음'은 오랫동안 내가 못 할 거라고 '안 마음'에 대고 말하고 있었던 것이었다. 책의 내용을 비추어 봤을 때 어떤 일을 이루고 싶다면, 안 될 것 같은 일이라고 생각되어도 그 생각을 무시하고 나는 할 수 있다고 '바깥 마음'을 재조정해야 했다.

내 안에 가장 크게 자리 잡은 '안 될 것 같은 마음'이 무엇인지 찾아보았다.
'책 쓰기'가 가장 먼저 떠올랐다.
한 번도 책을 써 본 적이 없었기에 내가 과연 할 수 있을지 의구심이 들었다. 그러나 책을 쓰고 싶다면 나는 1차적으로 올라오는 '바깥 마음'을 무시하고 새로운 '바깥 마음'을 가져야 했다.
'나는 글을 잘 쓰는 사람이다. 나는 반드시 책을 쓸 것이다.'
이렇게 '바깥 마음'을 조정하자 '안 마음'이 저절로 따라오기 시작했고, 내 생각의 방향이 달라지기 시작했다.
'책을 쓰기 위해서는 무슨 일을 해야 할까? 책을 쓰려면 책을 많이 읽어야겠다, 글쓰기 관련된 책을 읽어 봐야겠다, 매일 조금씩이라도 글을 써 봐야겠다.'
안 될 거라고 생각했다면 아무 일도 하지 않았을 텐데, 된다고 생각을 하니까 해야 할 일들이 떠올랐다.

마음을 사용하는 법은 책을 쓰는 일뿐 아니라, 운동, 음악 등 삶의 모든 부분에 적용할 수 있었다. 예를 들어, 달리기 연습을 할 때 힘들다는 생각을 계속하면 실제로 몸이 더 무겁게 느껴지고 금방 지치는데, 몸이 가볍다고 상상하고 컨디션이 좋다고 생각하면 평소보다 좋은 기록을 얻을 수 있었다. 악기 연습을 할 때도 '어렵다'는 생각을 가지고 연습을 하면 괜히 더 어려운 것 같고 능률이 안 오르는데, '쉽다, 충분히 할 수 있다'라고 생각하면, 보다 빠르게 익혀지는 것이었다. '바깥 마음'을 잘 조정하면 놀라운 효과를 얻을 수 있었다.

하루는, 앞으로 이루고 싶은 것들에 대해 생각만 하는 것보다 글로 적어 보면 좋겠다는 마음이 들었다.

우리 부대에서는 장병들이 '감사 노트'를 적는다. 하루 동안 있었던 감사한 일에 대하여 적는 것인데, '바깥 마음 사용법'을 알게 된 후 '감사 노트'를 나만의 방법으로 바꿔 '확언 노트'를 적기 시작했다. '감사 노트'가 과거에 대한 일을 적는 일이라면, '확언 노트'는 내가 이루고 싶은 것이 이미 이루어졌다고 먼저 믿고 감사를 적는 것이다. 매일 아침 '확언 노트'에 내가 이루고 싶은 일들을 5개씩 적었다. 그리고 마음속으로 그 일들이 이루어진 모습을 상상했다.

내가 '확언 노트'에 적었던 것 중 대표적인 사례가 협성문화재단에서 주최하는 '책 만들기 프로젝트'였다. 글을 응모한 이후, 매일 이렇게 확언을 적었다.

"협성문화재단에서 제 원고를 채택해 주셔서 감사합니다."
"저의 원고가 책으로 만들어져 많은 사람에게 읽힐 수 있어서 감사합니다."

이후, 놀랍게도 1차 서류 심사에서 합격이 되었다는 소식을 듣게 되었다. 놀라운 일이었다. 이 일뿐만 아니라 '확언 노트'를 적기 시작하면서부터 내 삶의 많은 부분이 달라졌다. 물론 내가 '확언 노트'에 적은 모든 일이 다 이루어진 것은 아니었다. 하지만 이렇게 직접 글로 쓰고 마음속으로 그려 보면서 막연하게만 생각되었던 군 생활의 목표가 뚜렷해지고, 앞으로 나아가는 힘이 생겼다.

나는 《당신의 소원을 이루십시오》라는 책을 통해 내 마음을 어떻게 사용해야 하는지 정확히 배울 수 있었다.
앞으로도 어떤 일을 만나게 되면, 1차적으로 올라오는 마음을 내려놓고 '장미란 선수'처럼 '나는 할 수 있다'라는 마음을 가지려 한다. 이제는 내가 가지는 '바깥 마음'이 '안 마음'에 어떤 영향을 미치는지 알기 때문이다.

25. 《모든 것은 기본에서 시작한다》

"대~한민국! 짝!짝!~짝!짝!짝!"

이 구호 소리를 들으면 대한민국 전 국민의 가슴을 뜨겁게 달구었던 2002년 월드컵이 생각난다. 모두가 새빨간 '붉은 악마' 티셔츠를 입고 거리로 나와 외치던 구호 소리였다. 그 무리 속에서 초등학교 저학년이었던 나도 함께 목이 터져라 응원을 했다. 포르투갈을 상대로 '박지성 선수'가 가슴 트래핑 후 왼발 슛으로 골을 넣었던 장면, '안정환 선수'가 미국과의 경기에서 헤딩으로 골을 넣고 '반지 키스' 세리머니를 날렸던 장면 등 기적과 같은 장면들이 아직도 잊히지 않는다. 2002년 월드컵 시즌 때 아빠가 대한민국 국가대표 선수들의 사인이 그려져 있는 축구공을 선물로 주셨는데, 그 축구공이 아까워서 차 보지도 못하고 그저 소중히 간직만 했던 기억도 난다.

그 당시 초등학교에서 학생들의 장래희망이 무엇인지 적는 종이를 받을 때면, 대부분 '박지성 선수' 또는 '안정환 선수'와 같은 '축구 선수'가 되고 싶다고 할 정도로 축구 열풍이 불었던 것 같다.

그렇게 축구 선수가 되는 꿈을 꾸었던 수많은 사람 중 그 꿈을 너무나 멋지게 이루어낸 사람이 있다.

바로 '손흥민 선수'다.

1992년에 출생한 '손흥민 선수'는 2019년 영국 BBC에서 역대 최고의 아시아 선수로 선정되며, 오늘날 대한민국의 국가 대표이자 세계적인 축구 선수로서 맹활약을 하고 있다. 현재 '토트넘 홋스퍼'에서 공격수로 활동하고 있는 '손흥민 선수'를 볼 때면, 나도 모르게 토트넘팀의 우승을 기원하게 된다. 이전까지는 그저 '손흥민 선수'가 대단하다고만 생각했지 어떻게 그런 삶을 살 수 있게 되었는지는 잘 몰랐다.

군 도서관에서 2022년 '진중 문고'로 채택된 도서들을 훑어보다가 우연히 '손웅정'의 저서 《모든 것은 기본에서 시작한다》를 발견했다. '손흥민 선수'가 아버지의 영향을 많이 받았다고 얼핏 알고 있었는데, 과연 그 아버지 '손웅정 선수'는 어떤 분일지 궁금했다. 역시나 책을 보자 왜 '손흥민 선수'가 지금처럼 훌륭한 선수가 되었는지 분명히 알 수 있었다. 아버지의 강한 정신력과 훈련법이 오늘날의 '손흥민 선수'가 존재하는 데 결정적인 역할을 했다고 해도 과언이 아니었다. 그런데 놀라운 것은 '손웅정 선수'의 그런 삶을 만든 것은 '축구'만이 아니었다. 그에게 강한 정신력을 갖추게 한 것은 바로 '책'이었다.

"나에게 축구를 빼고 남는 게 뭘까 생각해보면 단 한 가지, 책 읽기가 남는다. 축구와 독서. 이 두 가지가 내 삶을 지탱해온 두 축이다." (p.147)

그의 인생을 두 가지로 요약한다면 '축구'와 '책' 이었다. 축구만큼이나 책을 사랑했고, 아들이 책을 좋아하는 축구 선수가 되길 바라는 마음이 컸다. 《모든 것은 기본에서 시작한다》에서 그가 책을 통해 배운 지혜를 바탕으로 아들 '손흥민'을 교육해 나가는 모습을 볼 수 있었다.

'손흥민 선수'가 2010년 10월 30일 분데스리가 데뷔 무대에서 쾰른을 상대로 골을 터뜨린 날이었다. 골을 넣은 '손흥민'은 기쁨에 들떠 있었다. 하지만 그날 아버지 '손웅정'은 '손흥민'의 노트북을 가져가며 이렇게 말했다.

"네가 골을 넣었다고 해서 세상이 바뀌는 건 아무것도 없다. 지금 네가 할 일은 다음 경기를 준비하는 것이다."(p.171)

그는 아들이 부디 그날의 사건을 잊어 주길 바랐다. 그는 마음이 뜨는 순간 그동안 쌓아 온 공든 탑이 무너질 수밖에 없다는 사실을 알고 있었기에, 매 순간 아들에게 '초심'을 강조했다. 데뷔 골을 넣었던 일뿐 아니라 '손흥민 선수'가 큰 성공을 거두거나 좋은 일을 만났을 때, 항상 그 마음을 비울 수 있도록 지도했다.

봄을 만난 후 읽게 된 '손웅정'의 저서 《모든 것은 기본에서 시작한다》를 통해 그동안 내가 어떻게 살아왔는지 돌아보게 되었다. 나는 마음이 가벼운 탓에 좋은 일이 생기면 남들에게 알리고 나를 세우고 싶은 마음뿐이었기에, 자주 일을 그르치곤 했었다. '손웅정'의 책을 보며 이러한 결과의 원인은 내 마음을 다스리지 못했기 때문임을 알 수 있었다.

'손웅정'의 책은 나에게 이렇게 이야기하는 것 같았다.
"행복한 삶을 살고 싶다면 마음을 비워야 해."
현재의 나를 돌아보았다. 군 생활의 꿈을 이루기 위해서는 아직 부족한 게 참 많았다. 진정으로 꿈을 이루고 싶다면 내 마음을 내려놓을 수 있어야 했다.

책 속에는 '손웅정'이 자신의 마음을 비우는 비결이 있었다. 바로, '운칠기삼(運七技三)'이라는 사자성어를 가슴에 새기며 살아가는 것이었다.

그는 좋은 일 앞에 운이 '칠'이고 자신이 한 일은 '삼'이라고 생각하며 스스로를 낮추었다. 자신이 한 일을 작게 여긴 것이다. 정말 그랬다. 우리의 인생은 한 치 앞도 예상할 수 없기에, 지금 좋다고 해서 앞으로도 계속해서 좋을 수는 없었다.

'운칠기삼'의 대목을 보면서 그동안의 일들을 돌아보는데, 이 모든 게 나의 노력이 아니라 많은 분의 도움과 기적이 있었기에 가능했다는 사실을 되새길 수 있었다.

'만약 내가 군대에 징집으로 오지 않았다면?'
'만약 훈련소에서 마음이 성숙한 동기들을 만나지 못했더라면?'
'만약 장갑차 조종수 보직을 받지 않았더라면?'
'만약 22사단 전차 대대로 가지 않았다면?'
'만약 독서를 시작하지 않았다면?'
이 모든 것 중 하나라도 되지 않았다면, 나는 지금의 모습이 아니었을 것이다.

'운칠기삼(運七技三),
운이 칠이고 내 노력은 삼이었구나.'

책을 통해 이 사자성어를 내 마음에 새기게 되면서, 그동안의 일들로 인해 들뜬 마음을 가라앉힐 수 있었다.

그리고 한 가지 질문을 던져 보았다.

'어떻게 하면 '손웅정'과 같이 계속해서 마음을 비우고 겸비한 마음으로 살아갈 수 있을까?'

"이 모든 노력을 위해, 그 방도를 찾기 위해 나는 책을 본다. 모든 걸 극복할 수 있는 건 책이다. 결론은, 책이다." (p.294)

그랬다. 이 모든 마음가짐, 기본을 유지할 수 있는 길은 '책'이었다.

책 속에 마음을 다스리는 길이 있었다.

지난 시간을 돌아보면 나도 책을 통해 수많은 지혜를 얻고, 어려운 시간들을 극복할 수 있었다.

앞으로도 책을 기본으로 하여 인생을 살아가면, 어려움을 극복하는 지혜를 얻고 좋은 일로 인해 들뜨는 마음을 다스릴 수 있을 것이다.

26. 책 vs 영화

'평생 야채만 먹기 vs 평생 고기만 먹기'
'100억 빚 있는 이상형이랑 살기 VS 100억 갑부 원수랑 살기'
'1억 받고 군 생활 2년 더하기 VS 지금 전역하기'

근 몇 년 전부터 유행이 되어 일상에서 흔히 접할 수 있는 이 게임은 '밸런스 게임'이다. 훈련소와 같은 곳에서 마땅히 할 일이 없을 때 '밸런스 게임'을 하다 보면 시간이 금방 지나가곤 했다.

내가 '밸런스 게임'을 할 때 답을 고르기 힘들어하는 질문 중 하나가 바로 '피자 VS 치킨'이다.

따끈따끈한 오븐에서 갓 구워져 나온 피자를 집어 올릴 때 늘어나는 치즈를 상상하면 당장에라도 피자를 주문하고 싶다가도, 바삭바삭한 튀김옷을 입고 통통한 다리로 유혹하는 치킨이 떠오르면, 피자보다 치킨이 더 먹고 싶은 건지 헷갈린다. 아마 '피나치공(피자나라 치킨공주)' 같은 브랜드는 나 같은 사람 때문에 생겨난 게 아닌가 싶다.

예전에 친구에게 '책 VS 영화'라는 질문을 했었는데, 망설임 없이 '책'을 고르는 친구의 대답을 듣고는 공감이 가지 않았다. 종이 위에 적힌 글자를 읽는 것이 어떻게 영화보다 재미있을 수 있는지, 그때의 나로서는 이해할 수가 없었다. 개인적으로 액션 영화를 좋아하는 편인데, 눈앞에 펼쳐지는 화려한 액션 장면들이 책과는 비교할 수 없을 만큼 흥미롭다고 생각했었다. 그런데 독서에 재미를 느끼기 시작하면서부터 그러한 생각들이 조금씩 바뀌기 시작했다.

군 생활을 하면서 한 번씩 지인들에게 연락을 받았다.
"혹시 뭐 필요한 거 있어?"
그러면 나는 이렇게 말했다.
"책이요!"
원래 나를 알고 지냈던 사람들은 '책'이란 대답에 놀랐다.
지금까지 군 생활을 하면서 30권 넘는 책을 선물로 받았는데, 그중에 책이 영화 못지않게 재미있다는 사실을 알려 준 세 권의 책이 있다. 바로 '얀 마텔'의 《파이 이야기》와 '위화'의 《허삼관 매혈기》, 그리고 '제임스 대시너'의 《메이즈 러너》 시리즈이다.

* 《파이 이야기》

'파이'라는 이름을 가진, 한 인도 소년이 있다. 원래 이름은 '피신 몰리토 파텔'인데, 학교 친구들이 주인공 이름의 '피신'을 '피싱(pissing, 소변을 보는)'이라고 놀린다. 심지어 선생님마저 그렇게 부르자, 주인공은 그때부터 자신의 이름을 '파이(Pi, 원주율 π)'로 바꾼다.

인도에서 동물원을 운영하던 파이의 아버지는 여러 가지 문제로 인해 동물원을 정리하고, 가족들과 배를 타고 캐나다로 떠나게 된다. 캐나다로 가던 중, 폭풍우를 만나 배가 침몰되어 가족들은 모두 죽고, '파이'만 구명보트에 올라타 가까스로 목숨을 건진다. 그렇게 망망대해 위에서의 표류가 시작된다.

그런데 그 구명보트 안에는 '리차드 파커'라는 무시무시한 벵골 호랑이가 타고 있었다. 혼자 바다 위에서 살아남기도 쉽지 않은데, 벵골 호랑이와 함께 있다는 상황은 아찔했다. 주인공이 호랑이의 배설물을 치우는 장면도 있었는데, 그 부분을 읽으면서 혹시나 주인공이 다치게 되진 않을까 싶은 마음에 자꾸만 내 손톱을 물어뜯었다. 배 안에 있는 책이라곤 오직 조난 책뿐이라는 사실도 안쓰러웠다. 하루하루 지나가면서 점점 호랑이를 길들이는 주인공 '파이'의 모습이 신기했고, 나중에는 호랑이 '리차드 파커'를 사랑하고 있다는 걸 알 수 있었다. 책을 읽으면서, '어쩌면 주인공이 끝까지 살아남을 수 있었던 건 '리처드 파커'와 함께했기 때문이지 않았을까.' 하는 생각도 들었다.

가장 인상 깊었던 부분은 '식인섬'에서 일어난 이야기이다. 수많은 미어캣, 맛 좋은 해초 그리고 담수호. 구명보트 위의 삶과는 비교가 안 되는 것 같았다. 하지만 밤이 되면 그 섬은 모든 생명을 빼앗는 '식인섬'으로 변했다. 책에서 묘사하는 '식인섬'의 특징이 아주 생생했다.

바다 한가운데 식물로 이루어진 섬의 모습. 낮에는 그렇게 평화롭고 아름답던 섬이, 밤이 되면 죽음의 땅으로 변한다는 것. 그리고 열매 속에서 발견된 인간의 '치아'.

글을 읽어 내려가는데, 내 머릿속에서 장면 하나하나가 상상되기 시작했다. 마치 하나의 그림이 그려지듯 생생하게 떠오르는데, 인간의 치아가 발견된 부분에서는 소름이 돋을 정도로 오싹했다. 글로만 읽었을 뿐인데, 주인공의 심경을 가깝게 느낄 수 있었다. 과연 영화 속에서는 이런 장면들을 어떻게 담아낼지 궁금했다.

책을 다 읽고 나서 《파이 이야기》를 원작으로 해서 만든 영화 〈라이프 오브 파이〉를 보았다. 책에서는 얻을 수 없는 시각적 효과와 청각적 효과가 더해져 다양한 재미를 느낄 수 있었다. 특히 실제로 보는 것 같이 생생한 장면들을 연출해내는 영상기법들이 대단하게 느껴졌다. 그러나 책을 통해 느꼈던 것에 비해 한 가지 아쉬운 점이 있었다. 바로 '상상하는 즐거움'이었다.

  책으로 볼 때 좋았던 점은, 장면들을 내 머릿속에서 상상하고 그려볼 수 있었다는 것인데, 영화를 통해 보이는 장면들은 화려하고 멋졌지만 내가 주체적으로 상상할 수 없었기 때문에 조금은 아쉽게 느껴졌다.
  예를 들어, '식인섬'이 나오는 장면과 채식주의를 하던 주인공이 물고기를 죽이는 장면, 그리고 육식을 하게 되는 심경의 변화는 내 머릿속에서 상상했던 장면들이 더 현실감이 있고 구체적으로 그려졌었다.
  영화 〈라이프 오브 파이〉와 책 《파이 이야기》를 통해 '시각적 효과에서 얻는 즐거움'과 '상상하는 즐거움'을 비교해 볼 수 있었다.

* 《허삼관 매혈기》

"좆 털이 눈썹보다 나기는 늦게 나도 자라기는 길게 자란단 말씀이야."

'도대체 이게 무슨 의미일까…?'
강렬하고 민망하면서도 의미 있는 대사가 인상적이었던, 《허삼관 매혈기》는 중국 소설가 '위화'가 쓴 책인데, 자신의 피를 팔아 가족의 생계를 꾸려 나가는 가장과 그 가족의 이야기이다.

주인공 '허삼관'은 가난한 형편 속에 살고 있던 중, 자신의 피를 팔아 돈을 벌 수 있다는 소식을 듣게 된다. 마을에서 미모가 출중하기로 알려진 '허옥란'을 사랑한 그는, 자신의 피를 팔아 돈을 벌어 그녀를 얻는다. 그리고 세 아들을 낳아 11년 동안 함께 살아가고 있던 중, 첫째 아들 '허일락'이 자신이 아닌 과거 허옥란의 약혼남이었던 '하소용'의 씨로 태어난 아들임을 알게 된다. 허삼관은 그 일로 인해 '허일락'과의 정을 끊고 매정한 아버지로 변한다. 그렇게 '허삼관' 집안의 이야기가 펼쳐진다.

이 책은 내가 좋아하는 영화배우 '하정우'와 '하지원'이 주역을 맡아 영화로도 제작되었다. 영화를 보기 전 '하정우'의 《걷는 사람, 하정우》와 '하지원'의 《지금 이 순간》이라는 책을 읽어 봤기 때문인지 영화에 더 애착이 갔다. 역시나 배우들의 연기력은 대단했다. 영화에서는 책과 다른 장면들도 보였다. 소설은 '중국'을 배경으로 하고 있고 영화는 '한국'을 배경으로 하고 있었는데, 생각보다 큰 어색함이 없었고 오히려 친근하게 느껴졌다. 또한, 책 속에는 '하소용'의 집안이 가난하게 그려졌는데, 영화 속에서는 부유한 집안으로 설정되어 있었다.

사고로 인해 다친 '하소용'을 위해 맏아들 '허일락'이 외치는 장면은 책과 영화에서 모두 중요한 장면이다. 물론 약간의 차이는 있었지만, 영화 속에서 '하소용 아내'의 간곡한 부탁으로 '허일락'이 '하소용'을 살려내기 위해 형식적으로 외치던 중 아버지 '허삼관'이 보고 싶어 간절히 눈물을 흘리며 외치는 장면은, 책보다 영화가 더 가깝게 다가왔다. 영화의 마지막은 가족들이 식당에 둘러앉아 맛있는 음식을 먹으며 행복해하는 장면으로 끝이 난다. 하지만 책에서는 '작가의 말' 부분과 책의 '마지막 문장'으로 쓰였던 "좆 털이 눈썹보다 나기는 늦게 나도 자라기는 길게 자란단 말씀이야."라는 '허삼관'의 대사로 마무리가 된다. 만약 책과 같이 하정우 배우가 허삼관이 했던 대사를 그대로 말했다면 어떤 그림이 됐을까? 영화를 보며 혼자서 이런 결말의 상상을 해 보기도 했다.

이야기의 초반에, '허삼관'이 그토록 아끼고 사랑하던 첫째 아들 '허일락'이 '하소용'의 씨에서 났다는 사실을 알게 된 후 완전히 돌변한 모습이 조금은 매정해 보이기도 했지만, 시간이 흐름에 따라 그가 얼마나 마음이 따뜻하고 자상한 아버지인지 다시 생각하게 되었다. 처음에 나를 당황하게 했던 "좆털이 눈썹보다 나기는 늦게 나도 자라기는 길게 자란단 말씀이야."라는 대목은, 아마도 자신의 친자가 아닌 아들 '허일락'을 결국 가장 사랑하게 된 '허삼관'의 마음을 대변한 말이 아닌가 싶다.

* 《메이즈 러너》 시리즈

"살아남기 위해선 끊임없이 달려야 한다!"

　우리나라에서 2014년도부터 차례로 개봉된 영화 〈메이즈 러너〉는 총 3부작 시리즈(1권:메이즈 러너, 2권:스코치 트라이얼, 3권:데스 큐어)의 책을 바탕으로 제작되었으며, 장르는 SF, 액션, 어드벤처, 스릴러에 속한다.
　주인공 토머스는 기억을 잃고 한 공터에서 자기 또래들과 새로운 삶을 시작한다. 그들은 이미 몇 년 전부터 그곳에 적응해 살아가고 있었고, 토머스와 마찬가지로 과거의 기억을 잃은 상태였다. 공터는 큰 돌로 이루어진 미로에 갇혀 있었고, 그들은 유일한 탈출구가 미로를 벗어나는 거라고 생각해 왔다. 각자 맡은 자신의 임무가 있었는데, 그중 미로를 탐색하는 임무가 바로 '러너'다. '러너'들은 미로를 탐색하다가 해가 지기 전에는 반드시 공터로 돌아와야 했다. 만약 미로가 닫히는 순간까지 돌아오지 못한다면, 미로 안에 사는 끈적끈적한 피부와 각종 날카로운 기계로 이루어진 무시무시한 '괴수'에게 죽임을 당할 수밖에 없었다. 토머스는 공터에 온 순간부터 자신의 임무가 '러너'라는 마음을 가진다. 원래는 오랜 훈련을 거쳐야 '러너'의 자격을 부여 받을 수 있었지만, 이제 막 그곳에 온 '신참'인 토머스는 미로가 닫히려는 순간에 그곳을 탈출하지 못한 '민호'와 '알비'를 구하기 위해 미로 안으로 자신의 몸을 던진다. 미로는 닫히고, 토머스를 포함한 세 사람은 그날 밤을 미로 안에서 보내게 된다. 기적적으로 그들은 괴수를 물리치고 다음 날 공터로 돌아온다. 그리고 '토머스'는 '러너'의 자격을 얻게 된다. 그 후 수많은 사건이 일어난다.

　영화로 본 《메이즈 러너:1편》은 원작인 책의 내용을 잘 살려냈다고 생각되었다. 책을 보며 상상했던 장면들을 영화로 다시 보니 새로운 느낌이 들었다. 물론 영화에서는 책과 다른 장면들도 연출되었다. 책에 없던 장면들이 영화 속에서 보이기도 했고, 책의 내용이 생략되기도 했다. 권당 약 500페이지가 넘는 분량의 내용을 2시간 안에 영화로 다 표현하기에는 아무래도 한계가 있는 것 같기도 했다. 책 속에서 1권부터 3권까지 '토마스'와 '테리사'에게 중요한 능력이었던 '텔레파시'를 영화 속에서는 언급되지 않았다는 점은 아쉬운 부분이라 생각한다. 또한, 책에는 사람들이 괴수와 싸우는 장면들이 굉장히 잔인하고 적나라하게 표현되어 있는데, 영화는 관람등급 제한 때문인지 책보다는 순한 맛(?)으로 표현된 게 아닌가 싶었다. 아마 연령 제한이 '청소년 불가'였다면 좀 다르지 않았을까?

　영화 《데스 큐어:3편》에서 토마스가 '뉴트'의 편지를 읽는 장면은, 책보다 더 감동적으로 다가왔다. 책과는 다른 연출이었지만, '뉴트'의 진심 어린 마음이 잘 표현된 것 같았다.
 《메이즈 러너 시리즈》의 전체적인 액션 장면을 비교해 보았을 때, 개인적으로 책을 통해 상상했던 장면들이 더 생생하고 가깝게 느껴졌다. 액션 영화를 좋아하는 나에게는 이런 느낌이 신선한 충격이었다.

 이처럼 책과 영화를 비교하며 보는 건 새로운 느낌이었다. 많은 영화가 책의 이야기를 토대로 만들어지기도 하는데, 예전에는 책을 읽지 않았기 때문에 영화에서 보이는 게 전부라고 생각했었다. 하지만 책을 읽고 영화를 보니까 나만의 해석을 가지게 되고, 만약 내가 감독이라면 이런 장면을 어떻게 했을까 하는 상상도 해 볼 수 있었다. 또한, 책은 등장인물과 각 상황에 대해 자세한 설명을 해 주기 때문에 이해하기 쉽고, 혹시라도 이해가 가지 않으면 앞, 뒷부분을 읽어 보거나 잠깐 멈춰 생각을 깊이 해 볼 수도 있었다.
 책이 영화보다 무조건 더 좋다는 건 아니지만, 이제는 '영화보다 책이 재미있다'는 말이 무슨 의미인지 이해가 된다.
 앞으로도 기회가 된다면, 책을 토대로 만들어진 영화들은 책을 먼저 본 후에 영화로 보면 좋을 것 같다.
 이제 나에게는 '책과 영화 중 하나를 고르자면?'이라는 질문이, '피자와 치킨 중 하나만 선택한다면?'이라는 질문보다 조금 더 어렵다.

27. 괜찮아, 다 지나가는 감자일 뿐이야

 군 생활이 어렵게 느껴진다면, 왜 그런 걸까?
 사람마다 처한 환경과 조건이 다 다르지만, 공통적으로 어려움을 느낄 만한 건 '사람을 상대하는 일'이라고 생각한다.
 군 생활은, 아침부터 타인과 함께 하루를 시작해야 하며 자기 전까지도 함께 하는 삶이다. '집'이라는 나만의 아늑한 공간을 떠나, 다른 사람들과 지낸다는 건 쉽지 않은 일이다. 훈련소에서 자고 일어난 첫날 아침이 아직도 잊히지 않을 정도로 나 역시 '군대'라는 환경이 굉장히 낯설었다.
 내 동생은 이미 나보다 한참 전에 군 복무를 마쳤기 때문에, 입대를 앞둔 나에게 여러 조언을 해 주었다. 그중 가장 인상 깊었던 말이 있다.

 "형, 어차피 다 지나가는 감자일 뿐이야. 모든 일에 너무 무게를 두려고 하지 마."

그 당시에는 이 말이 어떤 의미인지 잘 몰랐지만, 군 생활 동안 여러 사람을 만나게 되면서 그 의미를 이해하게 되었다.

대개 남자들은 입대 후 훈련병 때, 자신이 남들보다 강하다는 것을 어필하고 싶어 하는 경향이 있는 것 같다. 나 역시 스스로 약해 보이지 않으려고 일부러 눈과 어깨에 더 힘을 주고 다녔다. 같은 생활관 사람들끼리는 팀으로 인식하기 때문에 금방 마음이 열렸지만, 다른 생활관 사람들에게 경계심을 늦추기에는 시간이 필요했다.

나는 훈련소에서 '분대장 훈련병'을 하게 되었다. 동기들보다 상대적으로 나이가 많았기에, 동기들도 내가 '분대장 훈련병'을 하는 데에 동의했다. 분대장 훈련병의 역할은 학교에서의 '반장'과 같은 역할이라 할 수 있다. 한 생활관(분대)의 대표자로 분대원들의 상태를 파악하고, 의견을 종합하고 상급자에게 보고하는 일을 담당한다. 이런 위치에 있다 보니 자연스럽게 우리 생활관 안에서 일어나는 문제 또는 상황을 내가 책임을 져야 할 때가 많았다.

하루는 우리 생활관과 다른 생활관이 같이 식당 청소를 담당하게 되었다. 우리 생활관은 식판 청소와 밥과 반찬을 지원하는 일을 했고, 다른 생활관은 배식을 맡았다. 약 일주일 정도 같이 해야 했는데, 6일 동안은 큰 문제가 없었다. 그런데 마지막 7일째 되는 날 사건이 터졌다.

우리 생활관 분대원 중 한 명이 반찬을 좀 늦게 갖다 주자, 상대 생활관 분대장이 우리 분대원을 뚫어지게 쳐다봤다. 우리 분대원은 그게 기분이 나빴는지 반찬을 조달하고 돌아와 분대원들에게 상대 분대장을 손가락으로 가리키며 그 상황을 설명했다. 설명함과 동시에 멀찍감치 서있던 상대 분대장이 우리 분대원을 쳐다봤고, 왜 자기에게 삿대질을 했냐며 언성이 높아지기 시작했다. 그 순간에는 조교들이 있어 일단 상황이 종료되었는데, 문제는 식당 청소가 끝난 후였다. 생활관으로 돌아오자 우리 생활관의 분위기가 그 일로 인해 심각해졌다. 몇몇 동기들은 가만히 있을 수 없다며 그쪽 생활관을 찾아가야겠다고 소리를 높였다. 나 역시 분대장 훈련병으로서 그 일을 지켜만 볼 수 없었다. 결국, 내가 총대를 메고 그쪽 생활관으로 찾아갔다. 아니나 다를까, 그쪽 생활관도 그 일로 인해 분위기가 심각했다. 처음에는 굉장히 팽팽한 분위기 속에서 이야기가 시작됐다. 나도 우리 분대원 편에서 이야기를 하다가 그쪽 이야기를 들어보니 두 입장이 이해가 갔다. 다행히 대화로 그 일을 마무리 지을 수 있었고, 서로 사과를 하게 되었다.

내가 잘못한 일이 아니더라도 '분대장 훈련병'이라는 책임 때문에 여러 문제를 해결해야 할 때가 많았다.

그나마 훈련소에서는 사람들이 "형, 형" 하고 대우를 해 줬지만, 자대로 가니 철저한 '계급 제도'가 존재했다. 나보다 나이가 한참 어린 사람에게 존댓말을 해야 하고, 기분을 맞춰 줘야 하고, 눈치를 봐야 하는 등 내적으로 스트레스를 받는 일들이 많았다. 그럴 때면 빨리 전역하고 싶다는 생각이 들었지만, 현실은 막막했다.

한 번은 이런 일도 있었다.

밤에 '불침번 근무(야간에 잠을 안 자고 근무자를 깨우는 일)'를 하고 있었는데, 시간이 되어 다른 제대(부대는 같지만, 소속이 다른)의 어떤 한 병사를 깨우고 다시 제자리로 돌아왔다. 그런데 그 병사가 다시 잠들었는지, 좀 늦게 근무 투입을 하러 왔다. 그리고는 나에게 말했다.

"친구야, 나 제대로 깨웠니?"

내가 그 병사를 깨울 때 분명히 나에게 일어났다고 했는데, 이제 와 자신을 깨웠냐고 되묻는 것이었다. 일단은 깨웠다고 다시 알려 주었는데 생각해보니까 뭔가 이상했다. 확인해 보니 그 병사는 '일병'이고 나는 '상병'이었다. 군복을 입은 내가 '상병 계급장'을 달고 있는 게 보였을 텐데, 그렇게 말을 한 것이었다. 순간 열이 확 올라왔다.

'감히 일병이….'

다음 날, 그 일이 자꾸만 생각이 나서 기분이 영 안 좋았다. 찾아가 한마디 하려고 하다가 동생 말이 떠올랐다.
'형, 어차피 다 지나가는 감자일 뿐이야. 모든 일에 너무 무게를 두려고 하지 마.'
그러고 보니 괜히 이런 것까지 신경 쓰는 나 자신이 쪼잔해 보였고, 그 병사가 잠결에 나의 계급장을 못 봤을 수도 있겠다는 생각이 들었다. 이 상황을 그저 '감자'라고 여기니까 욱했던 마음이 사그라졌다.

군 생활을 하며 병사들끼리의 관계뿐 아니라, 간부님들과의 관계에서도 이해되지 않는 일들이 여러 번 있었다. 나뿐만 아니라 주변에도 인간관계로 인해 스트레스를 받는 사람들을 여럿 보았다.
사람은 서로 다른 성향을 지니고 살아가기 때문에, 나에게 아무리 합당해 보이는 일들도 누군가에게는 불합리하게 느껴질 수 있었다. 군 생활 초반에는 모든 사람을 만족시키려고 하다 보니 오히려 내가 피곤해지기도 했다.
특히 훈련소와 후반기 교육 때 '분대장 훈련병'을 맡아서 하는 동안 그런 위치가 쉽지 않다는 걸 알게 되었고, 자대로 오고 나서는 애초에 '분대장'이란 직분을 생각해 보지 않게 되었다.

군대는 정말 다양한 사람을 만나게 되는 곳이다. 물론 좋은 사람도 많지만 나와 맞지 않는 사람들도 만나게 된다. 여러 일을 통해 느낀 건, 인간관계에서 너무 완벽해지려고 하기 보다는 '약간 힘을 뺐을 때' 오히려 더 수월해진다는 것이다. 늦은 나이에 입대하게 되면서 상황뿐 아니라 인간관계 속에서 스트레스가 생길 때마다, 동생의 말을 떠올리며 내 마음을 가볍게 했다.

좀 웃긴 표현이기도 하다. '감자'라니.
그래도 이렇게나마 스스로 위로해 보면 한결 나아지는 것을 느꼈다.
모두를 만족시킬 순 없다. 나도 그렇고 상대방도 그렇다.
그래서 때로는 이렇게 생각하며 마음을 비워 보면 어떨까?

'괜찮아, 다 지나가는 감자일 뿐이야.'

28. 《나는 왜 이 일을 하는가?》

하루를 돌아보면, 생각보다 하는 일들이 많다.

아침에 일어나 침구류를 정리하는 것부터 시작해서, 밥 먹고 근무하고 악기 연습하고 책을 읽고 청소를 하는 등. 그동안 나는 어떠한 일을 할 때 무작정 '열심히 해야지, 잘 해야지.' 하는 마음으로 가득 차 있었다. (사실 아무 생각 없이 하는 일들도 많았다) 그렇게 살던 나에게《나는 왜 이 일을 하는가?》의 저자 '사이먼 사이넥'은 '왜(Why?)'라는 질문을 던져 주었다.

'나는 왜 이 일을 하는 것일까?'

그리고 저자는 자신이 알게 된 '골든 서클'을 통해 3가지 단계로 이 질문에 대하여 설명해 주었다.

1단계-무엇을(What?)

주변을 둘러보면 대부분 '무엇을(What?)'에만 신경 쓰며 지낸다.

'무엇을 먹고 싶은지?', '무엇을 입고 싶은지?', '무엇을 보고 싶은지?'

하지만 '무엇을(What?)'에만 초점을 두게 되면 우리는 삶의 본질적인 에너지를 얻을 수가 없었다.

2단계-어떻게(How?)

여기서 한 단계 더 발전된 생각은 '어떻게(How?)'였다.

'어떻게 먹고 싶은지?', '어떻게 입고 싶은지?', '어떻게 보고 싶은지?'

이런 생각들을 '무엇을(What?)'에 초점을 둔 것보다 좀 더 명확한 방향을 제시해 주었다.

3단계-왜(Why?)

마지막으로 우리의 삶을 궁극적으로 이끄는 생각은 '왜(Why?)'였다.

'왜 먹고 싶은지?', '왜 입고 싶은지?', '왜 보고 싶은지?'

예를 들어 다이어트를 한다고 했을 때, 단순히 '무엇을(What?)'-'살을' '빼야지'라는 마음만 가지고 있다면 유혹들이 찾아올 때 쉽게 무너질 수밖에 없다. 하지만 여기서 '어떻게(How?)'를 생각한다면, '짜고, 단 음식들을 먹으면 살이 쉽게 쪄. 이런 음식을 줄이고 유산소운동을 더 해야겠어.' 하는 방법을 찾게 되면서 좀 더 나은 방향으로 갈 수 있다. 그리고 '왜(Why?)-내가 왜 다이어트를 해야 하는가?'를 생각하게 된다면, 단기적으로 살을 빼는 것을 넘어 '건강한 삶을 사는 것'에 목적을 두게 되어, '건강한 식습관과 운동 습관'을 가질 수 있다.

이처럼 우리의 삶 속에 '왜(Why?)'라는 질문을 던져 보는 일은 중요했다.

나는 대한민국의 남자로 태어나 어쩔 수 없이 군대에 왔다고만 여겼었다. 만약 군 면제를 받을 수 있었다면 당연히 군대에 오지 않았겠지만, '고혈압'과 '아토피'로 신체검사 3급 판정을 받았을 뿐, 딱히 면제를 받을 수 있는 조건이 없었.

늦은 나이에 입대해 막연하게 군 생활을 하고 있던 나는, 《나는 왜 이 일을 하는가?》 라는 책을 통해서 내 군 생활에 대해 단계를 밟아가며 생각을 해 보게 되었다.

1단계-무엇을(What?) : 군 생활을 잘하고 싶다. (대부분 이런 마음을 가지고 있을 것이다.)

2단계-어떻게(How?) : 주어진 임무를 책임감 있게 하고, 전우애를 쌓아 가며, 자기 계발을 한다. (여기까지는 큰 무리가 없었다.)

3단계-왜(Why?) : 3단계가 되자 뭔가 생각이 막히는 느낌이 들었다.

'내가 왜 군 생활을 잘해야 할까? 아니, 내가 왜 군대에 온 거지?'

자연스럽게 이런 의문이 들면서 처음으로 내가 왜 군대에 오게 되었는지 생각해 보게 되었다.

'나라를 위해서?', '조국의 사랑에 보답하기 위해서?', '평화를 지키기 위해서?' 등 수많은 이유가 있다.

이런 보편적인 이유보다는 나만의 개인적인 이유를 찾아보았다.

'입대 당시만 해도 어쩔 수 없이 군대에 온 것이라고 생각했지만, 군 생활을 통해 처음으로 독서를 시작하게 되었지. 여러 책을 통해 대한민국을 사랑하고 헌신하신 선조들의 마음을 느낄 수 있었고, 덕분에 내가 1년 6개월 동안 군 복무를 하는 것이 얼마나 큰 의미가 있는지 알게 되었어. 이제 나는 남은 군 생활 동안 군대에서 알게 된 독서의 기쁨을 많은 장병에게 알려야겠구나!'

이러한 생각들을 통해 군 생활을 하는 동안 '나만의 왜(Why?)'를 찾을 수 있었다.

'나만의 왜(Why?)'를 찾게 되자, 군대에서의 하루하루가 의미 있어졌고, 전역하는 날까지 어떤 삶을 살아야 할지 방향을 잡을 수 있었다.

이러한 '나만의 왜(Why?)'를 찾는 일은 군 생활뿐만 아니라 악기 연주를 함에도 중요하다는 생각이 들었다.

예전에는 막연하게 '틀리지 말아야지, 잘 해야지', '화려한 연주를 하고 싶다'는 마음으로 가득 차 있었다. 그렇게 연주를 마치고 무대에서 내려오면 마음이 공허할 때가 많았다. 오로지 외적이고 1차원적인 부분에 생각이 머물러 있었다.

그러나 책을 통해 '왜(Why?)'라는 부분에 생각하게 되면서, '왜 내가 무대에 서는 거지?', '작곡가는 왜 이렇게 음악을 쓴 거지?'라는 질문을 통해 '내가 음악을 하는 궁극적인 이유'와 '관객들에게 전달하고자 하는 메시지'에 더 중점을 맞출 수 있게 되었다.

이후 군대에서 공연할 때면 연주 후에 내 마음이 꽉 차는 느낌을 얻을 수 있었다.

'징집'으로 군대에 오게 되면서 음악적으로 퇴보할 것만 같았던 나는, 책을 통해 내적 성장을 이룰 수 있었다.

나는 '왜(Why?)'의 중요성을 알게 된 후로, 어떤 일을 하기 전에 스스로 질문해 본다.

'나는 왜 글을 쓰는 것일까?'

'나는 왜 음악을 하는 것일까?'

'나는 왜 책을 읽을까?'

물론 아직 그 답을 찾지 못한 것도 있다.

하지만 계속해서 질문하고 또 찾아가다 보면 언젠가는 답을 얻게 되리라 믿는다.

지금 이 글을 읽고 있는 장병 분들에게도 질문해 보고 싶다.

"여러분은 왜 군대에 왔습니까?"

대한민국의 장병들이 자신만의 '왜(Why?)'를 찾아 행복한 군 생활을 했으면 좋겠다.

29. 유격 훈련

"유격 체조 8번, 온몸 비틀기 준비!"
"8번 체조, 온몸 비틀기 준비! 유! 격!"
"삑!삐~삑!"
"하나!"
"삑!삐빅~삐빅!"
"둘"

군 생활의 꽃이라고 할 수 있는 '유격 훈련'
한동안 코로나로 인해 그 '꽃'은 봉오리만 맺은 상태였다. 자대로 전입 후 만난 선임들은 한 번도 '유격 훈련'을 받은 적이 없다고 했었다. 나 역시 그렇게 전역을 하나 싶었는데, '유격 훈련'이라는 꽃은 한여름인 8월에 만개하고 말았다.
총 14가지 유격 체조 중 8번 '온몸 비틀기'의 자세는 이러하다. 먼저 하늘을 보고 누운 상태에서 두 다리를 들어 올려 'L'자 모양이 되게 하는데, 이때 머리를 지면에서 떨어뜨린 후 복부를 바라본다. 호각 소리에 맞춰 다리를 왼쪽으로 내리고 고개를 오른쪽으로 돌렸다가 원래 자세로 돌아온 뒤, 반대 방향으로 다시 한 번 갔다 오면 1회가 완료된다. 이 동작은 온몸이 비틀림과 동시에 신음을 낼 수밖에 없는, 유격 체조 동작 중 가장 어려운 동작이다.

유격 체조를 할 때 가장 중요한 건 마지막 '반복 구호'를 하지 않는 것인데, 약 400명 정도 모여 있는 사람 중 단 한 사람이라도 마지막 구호를 하게 되면 다시 처음부터 체조를 시작해야 했다.

유격 체조 8번 동작을 하고 있는데 꼭 마지막에 반복 구호를 하는 사람이 있었다.

"삑!삐~삑!"
"열!"(하고 외침과 동시에 혼자만 반복 구호를 했다는 사실을 깨닫는다.)
"반복 구호, 하지 않습니다! 다시 처음부터!"

옆에서 한숨 소리가 들림과 동시에 점점 표정이 일그러지는 게 느껴졌다.

과연 이렇게 반복 구호를 외치게 되는 게 교육생의 잘못만 일까?

체조가 끝날 무렵 조교가 옆에 다가와 말한다.

"목소리 크게 냅니다!"

그러면 조교의 말에 신경을 쓰다가 헷갈려 누군가는 또다시 큰 소리로 반복 구호를 외치게 되었다.

(결국, 다시 처음부터….)

전역을 약 3개월 앞둔 시점에 '유격 훈련'을 받았다. 물론 '유격 훈련'이라는 자체도 의미가 있었지만, 나에게는 이 훈련이 더 특별했던 이유가 있었다. 내가 속해 있는 '본부근무대'와 이전에 있었던 '전차 대대'가 함께 훈련을 받았기 때문이었다.

유격 훈련장에 도착하자 전차 대대 간부님들과 용사들이 보였다. 군악대로 보직을 옮긴 후, 약 7개월 만에 다시 뵙게 된 상황이었다. 2중대 간부님들과 용사들을 만나고, 내가 속해 있던 지휘반 반장님을 다시 뵐 수 있어서 감사했다. 아쉽게도 나를 가장 잘 챙겨 주었던 맞선임은 벌써 '말출'(복무기간 동안 마지막으로 나가는 휴가)을 나간 상황이라 만날 수 없었다. 군악대로 가기 전 약 1주일 동안 같이 지냈던 맞후임은 벌써 '상병'이 되어있었다. 그리고 전차 대대 전입 동기였던 친구들을 만났는데, 뜨거운 여름날 의류대를 메고 컨테이너

안으로 들어간 게 아직도 생생하다며 함께 그날을 추억했다.

마지막으로 전차 대대 대대장님을 만나 인사를 드렸다. 대대장님께서 반갑게 맞아 주시며 그동안의 안부를 물어봐 주셨다. 전차 대대에서 시작한 '독서 마라톤'을 통해 여러 권의 책을 읽을 수 있었고, 대대장님의 도움으로 인해 군악대에서 잘 지내고 있다고 감사를 표할 수 있었다. 대대장님께서 유격훈련 마지막 날 저녁에 있을 장기자랑을 위해 악기 연주를 부탁하셨다. 마침 군악대장님께서 미리 상황을 아시고 악기를 챙겨와 주신 덕분에, 마지막 날 밤 장기자랑 식전 행사로 공연을 하게 되었다.

공연을 시작하기 전, 군대에서 나에게 어떤 변화가 있었는지에 대해 짧게 이야기하는데, 말로 표현할 수 없을 만큼 벅찬 기분이 들었다. 한순간, 한순간 나에게 일어났던 일들이 마치 꿈만 같았다.

그날 노을이 짙어져 갈 무렵, 유격 훈련장 안에 부드러운 클라리넷의 선율이 가득 울려 퍼졌다. 아름다운 저녁이었다.

다음 날, 모든 교육생은 수료를 마치고 행군 출발을 했다. 유격 훈련장에서부터 부대까지는 약 30km가 좀 넘는 거리였다. '전차 대대'와 '본부근무대'는 가까운 거리에 위치하기 때문에, 다 같이 출발해서 마지막에 나뉘는 일정이었다.

시간이 점점 지나, 해가 떨어지면서 풀벌레 소리가 들리기 시작했다. 강원도 시골길의 밤 풍경은 참 아름다웠다. 수많은 별이 떠올라 있는 밤하늘, 영롱한 빛을 내는 반딧불이, 간간이 들리는 소 울음소리…. '자연스럽다'는 표현이 가장 잘 어울리는 풍경이었다. 하지만 그런 자연을 즐기기도 잠시, 점점 발이 아파지기 시작했고 졸음이 몰려왔다. 평소에 일찍 자는 게 습관이 되어서 그런지 11시쯤 되자 점점 정신이 몽롱해졌다. 무슨 정신으로 행군을 했는지, 그 후로는 기억이 안 난다. (지금 와서 생각해 보면 그때 졸아서 논두렁이나 밭두렁에 안 빠진 것만 해도 다행이다.)

동이 트기 시작했다. 밤새 걸어 보긴 태어나서 처음이었다. 거의 다 도착했을 무렵, '본부근무대'와 '전차 대대'로 나뉘는 갈림길이 나왔다. 나는 '본부근무대' 쪽으로 방향을 틀어 계속 걸어갔다. 묘한 기분이 들면서 13개월의 군 복무 생활이 머릿속에서 스쳐 지나갔다.

'논산 육군 훈련소, 장갑차 조종수 후반기 교육, 보충 중대, 전차 대대 그리고 군악대'

내가 '전차 대대'에서 '본부근무대 군악대'로 가게 되었던 사실이 다시 한 번 새삼스럽게 느껴졌다.

행군을 마치고 부대에 도착했다. 물론 지치고 힘들었지만, 여러 한계를 넘어 훈련을 마치고 목적지까지 행군 완주를 했다는 게 뿌듯했다. 앞으로의 삶에서 만날 여러 한계 속에서도 이 '유격 훈련'을 떠올리게 될 것 같다. 그렇게 군 생활의 꽃이 만개했고, 전역이 다가오고 있었다.

30. 독서, 군대가 내게 준 선물

절망과 두려움을 품고 시작했던 '1년 6개월'의 군 복무. 이 시간이 지나고 나면 헤어나올 수 없는 구렁텅이에 빠질 것만 같았다. 하지만 시간이 지나고 보니, 나는 군대를 통해 인생에서 무엇을 주고도 바꿀 수 없는 귀한 선물을 받았다.

'독서'

입대 이후 170여 권의 책을 읽으며 많은 일이 일어났다. 처음부터 책을 잘 읽거나 열심히 읽진 않았었다. 수많은 고비가 있었고, 포기하고 싶은 순간이 있었다. 지난 시간을 돌아보면, 순간순간 내가 계속해서 책을 읽을 수 있도록 도움을 주고, 좋은 방향으로 책을 읽을 수 있게 했던 계기들이 있었.

앞에서도 이야기했지만, 나는 워낙 책을 안 읽어 왔던 사람이라 처음 책을 접했을 때 너무 지루하고 무슨 말인지 이해할 수가 없었다. 그런 와중에 훈련소에서 '사이토 다카시'의 《독서는 절대 나를 배신하지 않는다》라는 책을 만난 건 기적이었다.

이전까지 독서를 하려면 어려운 책을 읽어야 한다고 생각했었다. 쉬운 책을 읽으면 남는 게 없을 거라는 생각이 은연중에 있어서 매번 어려운 책을 선택했고, 얼마 지나지 않아 포기하고 말았다.

'사이토 다카시'의 책을 통해, 아무리 어렵고 수준 높은 책이라도 그 책을 통해 남는 게 없다면 올바른 독서가 아니란 사실을 알게 되었다. 오히려 만화책 같은 쉬운 책이라도 책을 통해 배우고 남는 게 있다면 전혀 나쁘지 않다는 새로운 개념을 가질 수 있었고, 이전보다 더 쉽게 책에 다가갈 수 있었다. 또한, 꼭 책을 끝까지 다 읽을 필요가 없다는 부분에서 자신감을 얻을 수 있었다.

이렇게 오랫동안 가지고 있던 편견이 사라지자 편안한 마음으로 여러 책을 들추어 보게 되었고, 그러다 보면 끝까지 읽게 되는 경우가 많았다.

'도서 10자 평 노트 작성하기'라는 대목을 읽고 난 후, 훈련소에서부터 짧은 독후감을 쓰기 시작했다. 본격적인 독후감은 아니었지만, 작은 수첩에 나만의 짧은 서평을 남김으로써 책의 내용이 어땠는지 한눈에 알아볼 수 있었다. 이러한 시도

덕분에 전차 대대에서 큰 무리 없이 '독서 마라톤'을 시작할 수 있었다.

외부적 요인도 컸다. 보충 중대에서 사단장님의 강연을 듣게 되면서, '군 생활 동안 100권의 책 읽기'라는 도전을 하게 되었다. 처음에는 '내가 과연 이 도전에 성공할 수 있을까?'라는 생각에 주저됐지만, 왠지 아무도 안 할 것 같아, '내가 한번 해 보자'라는 생각으로 시작하게 되었다. 이렇게 '목표'가 설정되니까 막연하게 책을 읽지 않고, 보다 더 계획적으로 읽을 수 있었다.

내가 처음 전입 간 22사단 28 전차 대대에는 독서를 장려하는 프로그램이 있었다. '독서 마라톤'이라는 프로그램을 통해, 책을 읽고 독후감을 쓰면 '최대 10일의 휴가'를 받을 수 있었다. 일병 4호봉쯤에 약 45권의 책을 읽게 되면서 포상휴가 10일을 다 받을 수 있었다. 또한, 독후감을 쓰는 동시에 군대 안에서 열리는 독후감 대회에 참가해 상장과 휴가를 받을 수 있었다. 이처럼 여러 '보상'을 받는 것이 큰 원동력이 되었고, 점차 흥미가 더 생기게 되었다. 그렇게 3개월쯤 지나자, 어느새 독서가 자연스러운 습관이 되었다.

책 읽는 방식을 배운 것도 큰 도움이 되었다.

독서를 시작한 초반의 어느 날, 유튜브를 통해 우연히 '초서 독서법'이라는 영상을 보게 되었다. 그 독서법은 정약용 선생님께서 활용하셨던 방식으로 책을 읽고 마음에 남는 글귀를 모아 필사하고 그 밑에 자기 생각을 적는 독서법이었다. 이 독서법을 통해 그냥 책을 읽는 것으로 끝나지 않고, 그 내용을 다시 손으로 적고 그 글에 대한 내 생각을 정리함으로써 책을 두 번, 세 번 읽는 효과를 얻을 수 있었다.

책을 필사하면서, '이건 왜 그럴까?'라는 질문을 던지다 보면, 자연스럽게 저자의 생각이 내 안에 들어와 사고하는 힘을 키워 주고 지혜를 가져다주었다.

군 생활을 하며 지금까지 약 8권 정도의 '독서 노트'를 쓰고 있다. 항상 작은 수첩을 들고 다니며 책에서 인상 깊은 글귀를 발견하면, 그 페이지를 적고 문단의 시작을 짧게 적어 나중에 독서 노트를 기록할 때 쉽게 찾을 수 있도록 했다. (일부 독자들은 책에다 표시하며 읽는 방법도 추천하는데, 나는 진중 문고를 많이 읽었던 편이라 내 책이 아니므로 표시할 수 없었다.)

예전에는 시간이 없어서 책을 읽지 못한다고 생각했는데, 군대에서 그 생각이 틀렸다는 사실을 알게 되었다. 그동안 많은 책을 읽을 수 있었던 이유는 바로, '자투리 시간'을 사용하는 법을 알게 되면서부터다.

아침에 일어나서 30분, 아침 식사 후 일과 전 30분, 점심시간 30분, 취침 전 30분, 심지어 화장실에서도.

틈틈이 책을 읽으니까 어떨 때는 하루에 두 권도 읽을 수 있었다. 군복 바지 옆에는 '건빵 주머니'라고 책 한 권이 쏙 들어갈 수 있는 주머니가 있는데, 항상 책을 가지고 다니며 틈나는 대로 읽었다.

또, 장르를 가리지 않고 독서를 했기 때문에, '경제', '과학', '판타지', '자기 계발', '심리학', '문학' 등 다양한 분야를 접할 수 있었다. 돌아보면 '편독'하지 않고 여러 책을 읽었던 것이 나에게 좋은 영향을 주었고, 지금은 어떤 책이든 편히 읽을 수 있게 되었다.

어린 시절부터 많은 분이 나에게 '인생에서 책이 아주 중요하니 꼭 읽어야 한다'고 조언해 주셨지만, 필요성을 알지 못했기에 한 귀로 듣고 한 귀로 흘렸다. 하지만 군대에 와서 독서를 시작하게 된 후로, 그런 말씀을 하셨던 분들의 마음을 다시 더듬어 보게 되었다.

'그분들은 왜 책을 읽어야 한다고 하셨던 걸까?'

내가 생각하는 이유들은 이렇다.

첫째. 독서를 통해 '사고력'을 키울 수 있다.

사고력이 길러지면 여러 방향에서 문제를 바라볼 수 있는 능력을 갖추게 된다. 그래서인지 독서를 시작한 이후부터 나는 문제를 만났을 때, 더 높고 넓은 관점으로 문제를 대할 수 있었다.

둘째. '독서'는 '행복을 담을 수 있는 마음의 그릇'을 만들어 준다.

아무리 큰 행복이 있어도 그것을 담을 그릇이 없다면 그 사람은 행복을 느끼기 어렵다. 나 역시 열심히 살면서도 내 안에 행복을 담을 그릇이 없었지만, 독서를 통해 마음의 그릇을 얻게 되면서, 행복을 충분히 담을 수 있게 되었다.

셋째. 훌륭한 선생님들과 항상 함께하며 배울 수 있다.

인생은 단 한 번 살기에 여러 시행착오를 겪을 수밖에 없는 것이 사실이지만, 미리 인생을 살아간 현자들, 훌륭하신 분들의 생각이 책으로 남아 있으니 시대와 공간을 초월해 끝없이 배울 수 있었다.

비록 짧은 기간이지만 군 생활을 하며 시작한 독서를 통해 많은 것을 배웠고 더욱 행복한 삶을 살게 되었다.

보고 듣고 말하지 못했던 '헬렌 켈러'가 쓴 자서전 《사흘만 볼 수 있다면》을 읽었을 땐, 가슴이 뭉클해지고 한없이 고개가 숙여졌다. 그녀는 두 손을 더듬어 평생 점자책을 읽으며 살아왔다. 이렇게 두 눈을 가지고 글을 읽을 수 있는 것은 엄청난 축복이다.

누구보다 독서와 무관한 삶을 살았기에 책을 싫어하고 재미없어 하는 분들의 마음도 충분히 이해되며, 한편으로는 책을 진정으로 사랑하시는 분들 앞에서 책 얘기를 하는 것이 참 부끄럽고 죄송하기도 하다. 나 역시 독서의 재미를 알아 가는 중이며, 이 세계가 얼마나 놀랍고 무궁무진한지 매일 느끼고 있기 때문이다. 그렇기에 책 읽는 기쁨을 나누고 싶고 누군가는 나의 글을 통해 조금이라도 독서에 도전해 보셨으면 한다. 특히 대한민국 군대에 있는 장병들이 독서를 통해 보람되고 행복한 군 생활을 할 수 있었으면 한다.

'독서, 군대가 내게 준 선물'

전역 후에도 '독서'가 내 인생을 얼마나 더 멋지고 아름답게 만들어 갈지 기대가 된다.

군 생활 동안 적었던 독서노트와 수첩

맺으며

작심삼일(作心三日)

저는 독서를 시작하면서 군대라는 곳에서 '인간관계', '돈 공부', '글쓰기', '건강' 등 인생의 귀중한 '보물'들을 발견할 수 있었습니다. 책을 굉장히 싫어했던 저였기에 책을 통해 얻게 된 삶의 기쁨을 많은 사람들과 나누고 싶었습니다.

이 책을 마무리 짓게 되면서, '어떻게 하면 여기까지 책을 읽어 주신 독자 분들이 책에 흥미를 가지고 앞으로 꾸준히 독서를 해나갈 수 있을까?'하고 고민을 하게 되었습니다. 그러던 중 문득 '작심삼일(作心三日)'이라는 말이 떠올랐습니다. 어디선가 한번쯤은 들어보셨을 이 사자성어는, '단단히 먹은 마음이 사흘을 가지 못 한다'라는 의미를 가지고 있습니다.

매번 새해 초가 되면 많은 사람들이 이런 결심을 합니다.
'올해는 꼭 다이어트에 성공하겠어!'
'이번 년도 안으로 반드시 담배를 끊을 거야!'
'올해는 50권의 책을 읽고 말테야!'
하지만 '작심삼일'이라는 말처럼 이러한 결심은 오래 가지 않습니다.

우리가 '작심삼일'이라는 표현을 쓰는 이유는 그만큼 간절하게 달성하고 싶은 '목표'가 있기 때문일 것입니다. '담배를 끊는 일', '술을 끊는 일', '다이어트를 하는 일' 등 이러한 도전을 통해 자신의 삶을 보다 더 나은 방향으로 개선하고 싶지만, 생각처럼 이런 목표를 달성하는 것은 좀처럼 쉽지 않을 때가 많습니다.

'어떻게 하면 원하는 목표를 이룰 수 있을까?'하고 고민하던 중, '등산'에 빗대어 생각을 해 보게 되었습니다.
등산을 할 때 가장 큰 목표는 '산 정상'에 오르는 것일 겁니다. 그러나 때론 날씨로 인해, 또는 예상치 못한 부상을 입어 산 정상에 오를 수 없는 경우가 생깁니다. 그렇지만 산 정상에 올라가지 못했다고 산을 오르지 않았다고는 할 수 없습니다. 비록 정상에 도달하지는 못했을지라도 그곳으로 가는 길 속에 여러 사람을 만나고, 지저귀는 새소리를 듣고, 울긋불긋 물들어가는 단풍도 보았을 것입니다. 산 정상으로 향해 갔던 과정 속에는 이러한 아름다운 자연의 풍경이 있었습니다.

저는 오랫동안 '결과'에 치우친 삶을 살아왔습니다. 원하는 결과를 얻지 못하면, 시도했던 모든 시간을 아까워하며 부정적으로 생각하곤 했습니다. 하지만 등산을 통해 아름다운 것들을 볼 수 있었던 것처럼, 원하는 결과를 얻지 못했을 때 아쉬움은 있더라도 도전을 했기에 경험한 것들이 분명 있었던 것 같습니다.

저는 이러한 생각들을 통해 '작심삼일'이란 사자성어를 새롭게 바라보게 되었습니다.
'단단히 먹은 마음이 사흘을 가진 못했지만, 이틀은 갔구나, 하루는 갔구나.')
완벽한 결과는 아닐지라도 조금은 경험해 볼 수 있었던 것입니다.

군 생활을 하며 주변에 '담배를 끊겠다.', '게임을 끊겠다.', '공부를 하겠다.'라고 결심하는 장병들을 여럿 보았습니다. 그러나 대부분 얼마 못 가 그런 결심을 포기하고 다시 원래의 습관으로 되돌아갔고, 다시 시도하기를 꺼려했습니다. 어차피 해도 안 된다는 생각이 그 마음을 사로잡은 것입니다. 하지만 생각해 보면, 담배를 끊겠다고 결심했기에, 며칠의 시간 동안 또는 단 몇 시간이라도 금연을 실천할 수 있던 게 아닌가 싶습니다. 그렇다면 적어도 한 시간이라도 금연을 실천했던 자신을 격려하면, 다음에는 두 시간, 세 시간으로 점점 늘려갈 수 있을 거라고 생각합니다.

저 또한 예전부터 '독서'가 좋다는 이야기를 많이 들어 시도는 해 보았으나, 꾸준히 하지 못할 때가 많았습니다. 그럴 때면 실망하게 되고 다시 독서에 도전하기가 점점 부담스러워졌습니다. 하지만 생각을 바꿔 보니, 제가 책을 읽어 봐야겠다고 결심을 했기에 그나마 책의 첫 장이라도 펴 볼 수 있었던 것이었습니다. 만약 시도조차 하지 않았다면 그런 경험도 해 볼 수 없었을 겁니다.

글을 쓰는 일도 그랬습니다. 처음부터 완벽하고 좋은 글을 쓰려고 했다면 애초에 겁을 먹고 아무런 글도 쓸 수 없었을 것입니다. 하지만 '프리 라이팅(Free Writing)'을 통해 아무 글이나 적기 시작했고, 그러한 습관들이 점점 발전되어 한 권의 책을 쓰는, 다시 말해 '책 쓰기'라는, 마치 산 정상과도 같았던 큰 목적에 도달할 수 있었습니다.

운동도 처음부터 대단한 목표를 이루려고 하면 금방 포기를 하게 되고, 다시 도전하기가 두렵습니다. 하지만 처음에는

'걷기' 또는 '스쿼트 5개하기' 이런 식으로 쉽게 시도해 보면 작은 성공을 경험하게 되고, 그런 경험들이 모여 점점 더 높은 수준의 운동을 해낼 수 있게 됩니다.

저는 군대에서 다양한 도전을 통해 많은 경험을 할 수 있었습니다. 사실 그런 도전들에 앞서 좋은 결과를 얻고 싶은 마음이 컸습니다. 하는 일들이 다 잘 되면 좋겠고, 성공하고 싶었지만 때론 절망적인 결과를 보기도 했습니다. 하지만 지금까지 제가 계속해서 도전하고 앞으로 나아갈 수 있었던 것은 결과에 치중된 마음이 아닌, '과정을 즐기고 감사해하는 마음' 덕분인 것 같습니다.

산 정상을 오르는 일처럼 어떤 목표를 이루겠다고 결심 할지라도, 때로는 여러 상황으로 인해 정상에 오르지 못할 때도 있을 것입니다. 그럴 때면 결과를 얻지 못한 일에 너무 매달리기 보다는, 정상으로 향해 가는 도중 보았던 새소리, 울긋불긋 물들어 가던 단풍들, 등산을 하며 함께했던 친구를 떠올려 보면, 이 과정이 얼마나 아름다운 것인지 다시 보일 것입니다.

'작심삼일(作心三日)'

여러분도 이제는 각오했던 결심이 삼일은 못 가더라도, 단 하루 또는 단 한 시간이라도 노력했던 그 시간들에 감사하고 즐겨 보면 조금은 더, 원하는 결과를 얻는 일에 다가갈 수 있을 것입니다.

도전하고 감사하는 순간들이 모인 시간이야말로, 진정으로 값진 성공 아닐까요?

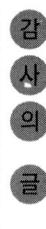
감사의 글

훈련소에 입소할 때만 해도 '과연 나에게도 전역의 날이 올까?'라는 생각에 앞이 깜깜했는데, 어느덧 시간이 흘러 '1년 6개월'의 군 복무를 마치고 당당하게 전역을 하게 되었습니다.

군 생활은 철저한 계급 제도 속에서 이루어지기 때문에 늦은 나이에 입대한 저에게는 많은 부담이 있었습니다.

저뿐만 아니라, 군 생활을 하시는 많은 분에게 각자의 어려움이 있을 줄 압니다. 어려움으로 인해 스트레스를 받는 게 당연한 일이겠지만, 조금만 관점을 바꿔 생각해 보시면 다른 것들이 보이기 시작할 것입니다.

군 생활만큼이나 책을 쓰는 일 또한 저에게는 큰 부담이었습니다. 한 번도 해 보지 않은 일이기에 어디서부터 시작해야 하는지, 어떻게 해야 하는지 몰랐습니다. 저는 두려움이 많은 사람이었기에, 다른 사람들과 비교되는 게 싫었고, 괜히 도전했다가 실패하면 어떻게 하나 싶었습니다. 그렇게 '안 된다.',

'난 못해.'라는 생각에 갇혀 있는 동안, 아무것도 보이지 않았고 생각할 수 없었습니다. 그러나 독서를 통해 '나는 할 수 있다!', '부딪혀 보자!'라는 마음을 받아들인 후 일단 부딪혀 보았습니다. 뭐라도 적어 보았습니다. 그렇게 적다 보니 어느새 글 '30편'이 완성되었고, 지금과 같은 책의 모습을 갖추게 된 것이 참 신기합니다.

 독서를 시작하게 되면서 다양한 문제를 해결할 수 있었고, 이전보다 사고방식이 긍정적으로 바뀌었습니다. 물론 '독서'가 모든 것을 해결하는 만능 도구가 될 수는 없을 것입니다. 하지만 어떤 문제를 해결할 수 있는 작은 '가능성'을 열어 줄 수는 있지 않을까 싶습니다. 그리고 만약 이 책이 여러분에게 그 '가능성'으로 다가가는 길에 보탬이 된다면, 제겐 더없는 기쁨이 될 것입니다.

 훈련소와 후반기 '동기들', 전차 대대와 군악대 '전우들', 그리고 '간부님들' 진심으로 감사합니다. 제가 행복한 군 생활을 할 수 있었던 것은 여러분의 도움과 격려가 있었기 때문입니다. 그리고 저를 낳아 길러 주시고 무한한 사랑으로 품어 주시는 '부모님', 언제나 저의 편에서 응원해 주는 하나뿐인 '동생'에게 고마움을 전합니다.

이 책을 끝까지 읽어 주신 독자 분들과 책이 나올 수 있도록 도움을 주신 '협성문화재단' 관계자분들, 출판사 '지식과감성' 관계자 분들께도 감사 인사를 드립니다.

끝으로 '독서'를 선물해 주신 '대한민국 군대'에 진심으로 감사드립니다.

감사합니다.

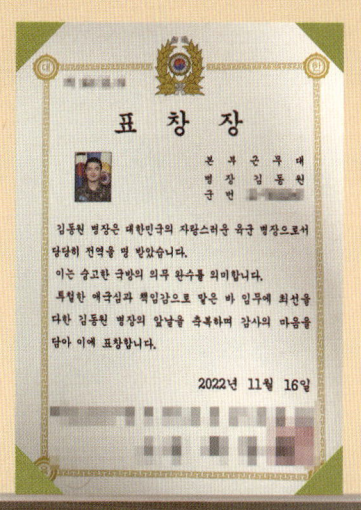
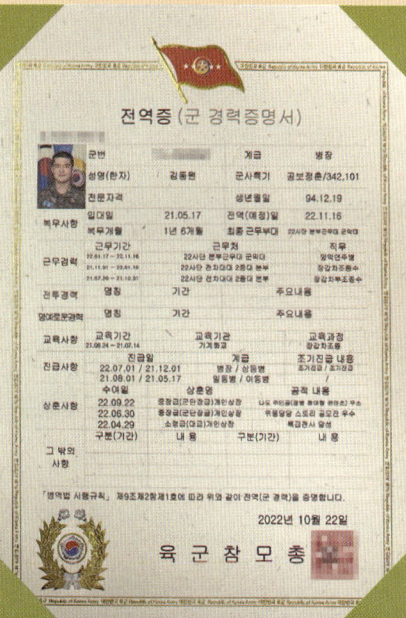

협성문화재단
NEW BOOK
프로젝트 총서

독서, 군대가 내게 준 선물

ⓒ 김동원, 2022

초판 1쇄 발행 2022년 12월 20일

지은이 김동원
발행처 (재)협성문화재단
        부산광역시 동구 충장대로160
        협성마리나G7 B동 1층 북두칠성도서관
        T. 051) 503-0341   F. 051) 503-0342
제작처 도서출판 지식과감성#
        T. 070) 4651-4734   E. ksbookup@naver.com

ISBN 979-11-392-0818-4(03810)

※ 가격은 겉표지에 표시되어 있습니다.
※ 이 책에 실린 글과 이미지는 저자와 출판사의 허락 없이 사용할 수 없습니다.